U0752612

山海异兽志

山海異獸志

李爱国／著
佚名／绘

湖南人民出版社

图书在版编目（CIP）数据

山海异兽志 / 李爱国著；（）佚名绘. —长沙：湖南人民出版社，2020.6

ISBN 978-7-5561-2134-2

I. ①山… II. ①李… ②佚… III. ①历史地理—中国—古代②《山海经》—图解 IV. ①K928.63—64

中国版本图书馆CIP数据核字（2020）第041494号

SHAN HAI YISHOU ZHI

山海异兽志

著　　者　李爱国
绘　　者　佚　名
出版统筹　张宇霖
监　　制　陈　实
产品经理　田　野
责任编辑　李思远　田　野
责任校对　丁　雯
装帧设计　水玉银文化

出版发行　湖南人民出版社［http://www.hnppp.com］
地　　址　长沙市营盘东路3号
电　　话　0731-82683357

印　　刷　长沙超峰印刷有限公司
版　　次　2020年6月第1版
　　　　　2020年6月第2次印刷
开　　本　710mm×1000mm　1/16
印　　张　19.25
字　　数　60千字
书　　号　ISBN 978-7-5561-2134-2
定　　价　98.00元

营销电话：0731-82221529　（如发现印装质量问题请与出版社调换）

导言

《山海经》一书，司马迁在《史记 · 大宛列传》中已提到，后经刘向、刘歆父子的整理，流传渐广。今本《山海经》十八卷，包括《山经》五卷、《海外经》四卷、《海内经》五卷、《大荒经》四卷，是我们研究上古时期自然、社会和思想文化的重要参考文献。

《山海经》的篇章结构整体模式为：广袤的陆地上山脉纵横，山脉的外围环绕着大海，大海之外荒远的地方更有山川。《山经》主要述山水，《海经》《大荒经》主要述海内外风物。

《山经》又称《五藏山经》，是《山海经》的主体部分，按照南、西、北、东、中的次序，具体描述数百座山的地理位置、谷穴、走向、高度、山上的动植物、气候、矿产、水系以及对山的祭祀等。属于中山的地区是大陆的中心，南山、西山、北山、东山环绕四周。

《海外经》四卷，载海外各国的奇人奇物。《海内经》五卷，载海内的神奇事物。《大荒经》以下，疑刘氏整理时未收录，晋郭璞作注时乃收入。其中保存了不少神话故事，如黄帝、炎帝世系，大禹治水，后稷播百谷，西王母传说等。

《山海经》内容丰富，包罗甚广。今天，我们可以从地理学、方志学、文学、历史学、宗教学、民族学、哲学、天文学、动物学、植物学、医药卫生学等各个方面去研读。

汉代以来，《山海经》被视为地理书。《汉书·艺文志》将《山海经》列于数术类之形法小类。汉明帝在给治水名臣王景的赏赐中，有《山海经》《河渠书》《禹贡图》。北魏郦道元虽然感慨《山海经》等“编韦稀绝，书策落次，难以缉缀”，但在《水经注》中仍大量征引《山海经》。在《隋书·经籍志》中，《山海经》明确列入史部地理类。《四库全书》以为“书中序述山水，多参以神怪”，因改入子部小说家类。

《山经》结尾处谓：“天下名山，经五千三百七十山，六万四千五十六里，居地也。言其五臧，盖其余小山甚众，不足记云。”实际上，《山经》只载名山数百、水流数百，于山则言其起止、走向、高度、形状、植被、矿产、动物、气候等，于水则言其发源、流注等情况。其所述地貌，究竟位于何处，历来有争议。有些山名地名自古沿用，而书中所述地貌特征既与其它史料相符，也与现实的地貌特征一致；另有的则荒诞不经，无从考索。所以，有人认为书中说的是中国古代从黄河、长江流域的地理，或者中国局部的地理，也有人认为它反映的地貌特征不止于中国，甚至远及亚洲以外。

《山海经》所述，顾颉刚以为其中反映了战国、秦、汉间人的地理观念，亦多有想象的成分。书中层累的东西极多，且年代久远，史料缺乏，研究实属不易。但无论如何，《山海经》为我们研究远古自然地理和生态环境提供了丰富的参考资料，我们应以历史和辩证的眼光看待此书。

《山海经》中虽然有涉及地理的内容，但由于描述的景象与现实有差异，不能看作是写实的历史地理书，所以明代胡应麟称其为“古今语怪之祖”；《四库全书总目》谓“实则小说之最古者尔”；鲁迅称之为“古之巫书”；袁珂认为不仅是地理书，而且是中国“神话之渊府”。《山海经》中的神话传说，反映了先民对天地万物的思考，对自然的改造和对美好生活的向往。后世的诸多神话故事，都是在《山海经》及其他先秦典籍的基础上不断改编完善的。其中的神话传说，如精卫填海（《北山经》）、夸父逐日（《海外北经》）、禹定九州（《海内经》）等，反映了中华民族积极向上、自强不息的精神，又有着神奇浪漫的特点，历来为后人所喜爱，影响至今，是传统文化的宝贵财富。

上古史事传说，往往与神话传说相交融，《山海经》所载正是如此。虽然书中叙事多夹神话，但我们也可以从中窥见某些远古历史。如其中的黄帝、炎帝，他书亦多记载，但另有帝俊不明。帝俊之名，分别见于《大荒东经》《大荒南经》《大荒西经》《海内经》。郭璞注以“舜”对应帝俊，唯《大荒西经》“帝俊生后稷”注以为“俊宜为喾”，“喾”疑是误字。明焦竑《焦氏笔乘》卷六、清段玉裁《说文解字注》“羼”字注等亦谓《山海经》“帝俊”之“俊”即“舜”字，其说可从。吕思勉曾在《读史札记》中说：“《山海经》一书，说多荒怪，不待言矣。然其所举人物，实多有其人；其所载事迹，亦间与经传相合，何也？盖此书多载神话，而其所谓神话者，实多以事实为据，非由虚构也。”这是有见地的论断。神话中往往隐含着某些历史原型，值得我们去研究和探索。

至于《山海经》的作者及成书年代，历来众说纷纭，归纳起来主要有以下几种观点：

一种观点认为是大禹和伯益所作。汉刘歆《上山海经表》：“禹别九州，任土作贡，而益等类物善恶，著《山海经》。”王充《论衡 · 别通》：“禹主治水，益主记异物，海外山表，无远不至，以所闻见，作《山海经》。”赵晔《吴越春秋》卷六说大禹“行到名山大泽，召其神而问之，山川脉理，金玉所有，鸟兽昆虫之类，及八方之民俗，殊国异域，土地里数，使益疏而记之，故名之曰《山海经》。”这种说法较早，但经不起推敲，因为《山海经》书中多处出现了夏以后的人名和地名，北齐颜之推在《颜氏家训 · 书证》中即提出了质疑，因此后世学者多不认同这种观点。

一种观点认为《山海经》流传已久，但不是一时一人所作，它大约成书于百家争鸣的春秋战国时期，后经秦汉学者递修增补而成，无论是用词还是思想风格，都可从中找到证明。我们认为这种观点是可取的。也有学者在此基础上更试图将《山海经》之作具体到某人或某地之人，各有论证，成一家之说。

有人在分析《山海经》中所描述的地理、物产后认为，该书的作者有可能非中国人，而可能是伊朗人，或印度人，甚至欧美人。我们认为，《山海经》为我国固有典籍，这是毋容置疑的。

《山海经》的汉晋古本，除文字外，应该有图绘。《南山经》“有兽焉，其状如禺而白耳”郭璞注“图亦作牛形”，《海外南经》羽民国下郭璞注“画似仙人也”，又厌火国下郭璞注“画似猕猴而黑色也”，狄山“离朱”下郭璞注“今图作赤鸟”，明《山海经》有图。《隋书·经籍志》载有晋郭璞注《山海经》二十三卷，又有郭璞注《山海经图讚》二卷。其《山海经图讚》既为郭璞注，则图与讚当非郭璞所作，而为古人作品。《太平御览》多次引郭璞《山海经图讚》，或是郭璞既注古图讚，而又自为古图作讚。唯其书皆已亡佚，不知其审。清丁辰《补晋书艺文志》卷二以为《隋志》所载《山海经图讚》为“郭璞注”之“注”字当为“撰”字之讹，可备一说。明正统道藏本《山海经》各卷末录有图讚，有讚无图。既言“某经图讚”，则原来有图，郭璞是据图作讚的。当是后人重编郭璞书时，删去原图，而只保留了讚文。如上所述，《山海经》汉晋古本有图则是明确的。

宋初舒雅曾作《山海经图》十卷，见郑樵《通志》卷六六、高似孙《史略》卷六、王应麟《玉海》卷十四。又《玉海》卷十五述《中兴书目》，谓“《山海经图》十卷，本梁张僧繇画。咸平二年，校理舒雅铨次馆阁图书，见僧繇旧踪尚有存者，重绘为十卷。”按张僧繇，南朝时梁人。《中兴书目》之说不可从，张僧繇并无《山海经图》，故隋唐人不提。北宋《宣和画谱》备载当时所见古画，而张僧繇所作，皆佛像与佛教故事画，亦无《山海经图》。张僧繇为南朝著名画家，隋郑法士、唐吴道玄等并师法之，疑舒雅托其名，引以自重。晁公武《郡斋读书志》卷八：“《山海经图》十卷，右皇朝舒雅等撰。雅仕江南，韩熙载之门人也。后入朝，数预修书之选。闽中刊行本或题曰张僧繇画，妄也。”其说可从。舒雅所作，后亦亡佚。

今能见到的《山海经》图绘，皆明清人所作。马昌仪《明刻山海经图探析》列所见明清时有绘图的《山海经》十种：明胡文焕《山海经图》；明蒋应镐绘图《山海经（图绘全像）》；明王崇庆《山海经释义》；明日本刊《山海经》；清吴任臣《增补绘像山海经广注》，佛山舍人后街近文堂本《山海经》；清汪绂《山海经存》；清毕沅图注《山海经》，光绪十六年学库山房仿刻本；清郝懿行《山海经笺疏》，光绪十八年五彩公司三次石印本；清陈梦雷等《古今图书集成·禽虫典》之异禽异兽部；《古今图书集成·神异典》之山川神祇。其中日本刊本即蒋应镐绘图，而《古今图书集成》可合计为一种，则共为八种。所列各书，其图少则数十幅，多则百数十幅，基本上反映了明清时期《山海经》图绘的面貌，足资参考。我们现在所用的绘图，出自吴任臣的《山海经》注本，但所据版本不同。

吴任臣字志伊，一字尔器，初字征鸣，号托园，清初浙江仁和（今属杭州）人。诸生，博闻强记，学问淹贯。康熙十八年，召试博学鸿词，授翰林院检讨，承修《明史·历志》。撰有《周礼大义》《礼通》《春秋正朔考辨》《字彙补》《十国春秋》《南北史合注》《山海经广注》《托园诗文集》。行事载《清史稿·文苑传一》，《（雍正）浙江通志》卷一七八、清诸可宝撰《畴人传三编》卷一亦有传。

《山海经广注》成书于清康熙五年。其版本，大略有康熙六年初刻本、康熙三十五年官刻本、乾隆《钦定四库全书》写本、乾隆五十一年金阊书业堂刻本、乾隆五十一年近文堂刻本、咸丰元年文汇堂刻本、咸丰五年海清楼刻本、光绪间刻本等。《四库全书》本唯录其文字，图则删去。《山海经广注》不断刊刻，可见其书影响之大。本书所据绘图，为乾隆五十一年金阊书业堂刻本。此本其书名页题“增补绘像山海经广註”，但正文皆题“山海经广注”。前有柴绍炳《山海经广注序》、吴任臣《山海经广注序》各一首。以下依次分为《山海经图》与《广注》两大部分。《山海经图》卷首附《读山海经语》、《山海经杂述》。《读山海经语》言作者对《山海经》的理解，《山海经杂述》列有关《山海经》的文献资料和《山海经》佚文。图凡五卷：卷一灵祇，二十图；卷二异域，二十图；卷三兽族，五十一图；卷四羽禽，二十二图；卷五鳞介，二十八图。五卷凡一百四十一图，其图富于想象，造型生动，线条分明，清晰可观，希望对读者有所帮助。

武汉大学古籍研究所所长骆瑞鹤

目录

第壹卷 灵祇

第贰卷 异域

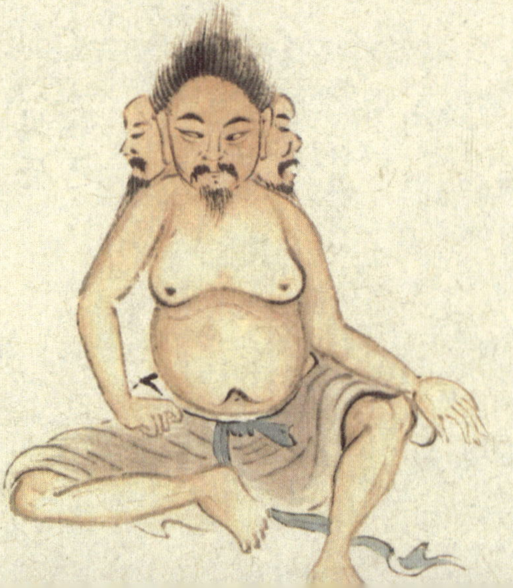

第叁卷 兽族

第肆卷 羽禽

第伍卷 鳞介

应龙

二九一

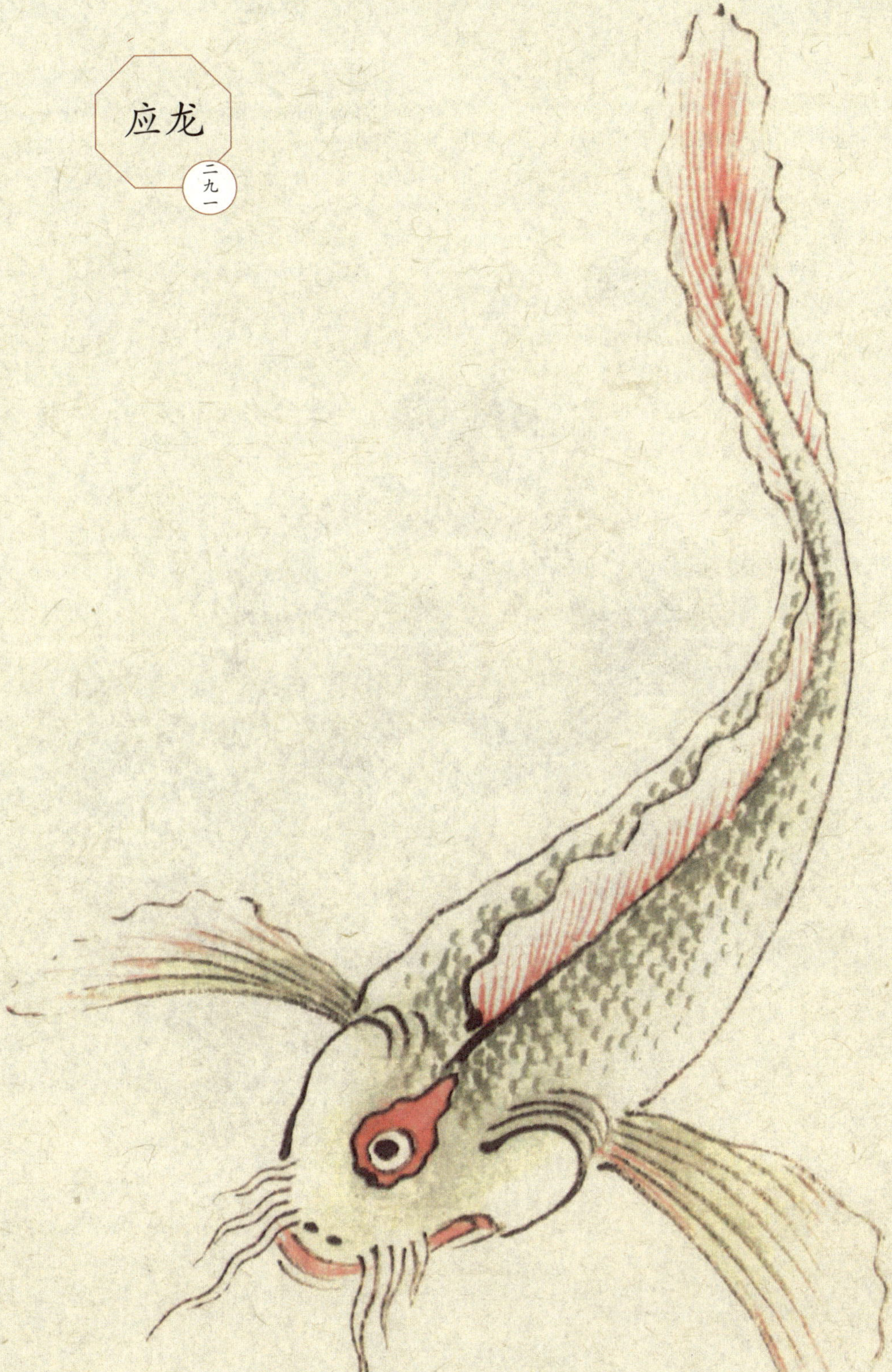

第壹卷

灵祇

贰

钦䲹化为大鹗，其状如雕而黑文白首，赤喙而虎爪，其音如晨鹄，见则有大兵。

钦䲹变作大鹗，外形像雕却有着黑色的花纹、白色的脑袋，还有红色的鸟嘴和老虎的爪子，叫声像晨鹄一样，它一出现就会有大的战事发生。

叁

鼓亦化为鵕（jùn）鸟，其状如（chī）鸱，赤足而直喙，黄文而白首，其音如鹄，见则其邑大旱。

鼓化作了鵕鸟，形状像鹞鹰，长着红色的爪子，笔直的嘴巴，黄色的花纹和白色的脑袋，它鸣叫的声音像鸿鹄一样，只要它出现了，当地一定会大旱。

鼓

又西北四百二十里，曰钟山。其子曰鼓，其状如人面而龙身，是与钦䲹（pī）杀葆江于昆仑之阳，帝乃戮之钟山之东曰嶢（yǎo）崖。

壹

再向西北四百二十里，叫做钟山。钟山山神的儿子叫做鼓，他长着人的脸但有着龙的身子，曾经伙同钦䲹一起在昆仑山的南面杀死了天神葆江。天帝于是在钟山东边的嶢崖将他们处决。

* 图中出现的小楷繁体字（题字：姚忠林）为设计元素，下文不再一一注明。

实惟帝之平圃，
神英招司之。
其状马身而人面，
虎文而鸟翼。
徇于四海，
其音如榴。

叁

这座山可说是天帝悬在半空中的园圃，天神英招负责管理它。英招长着马的身子，人的脸，老虎的斑纹，鸟的翅膀。他根据天帝的旨意巡行四海，喊叫的声音像辘轳抽水一样。

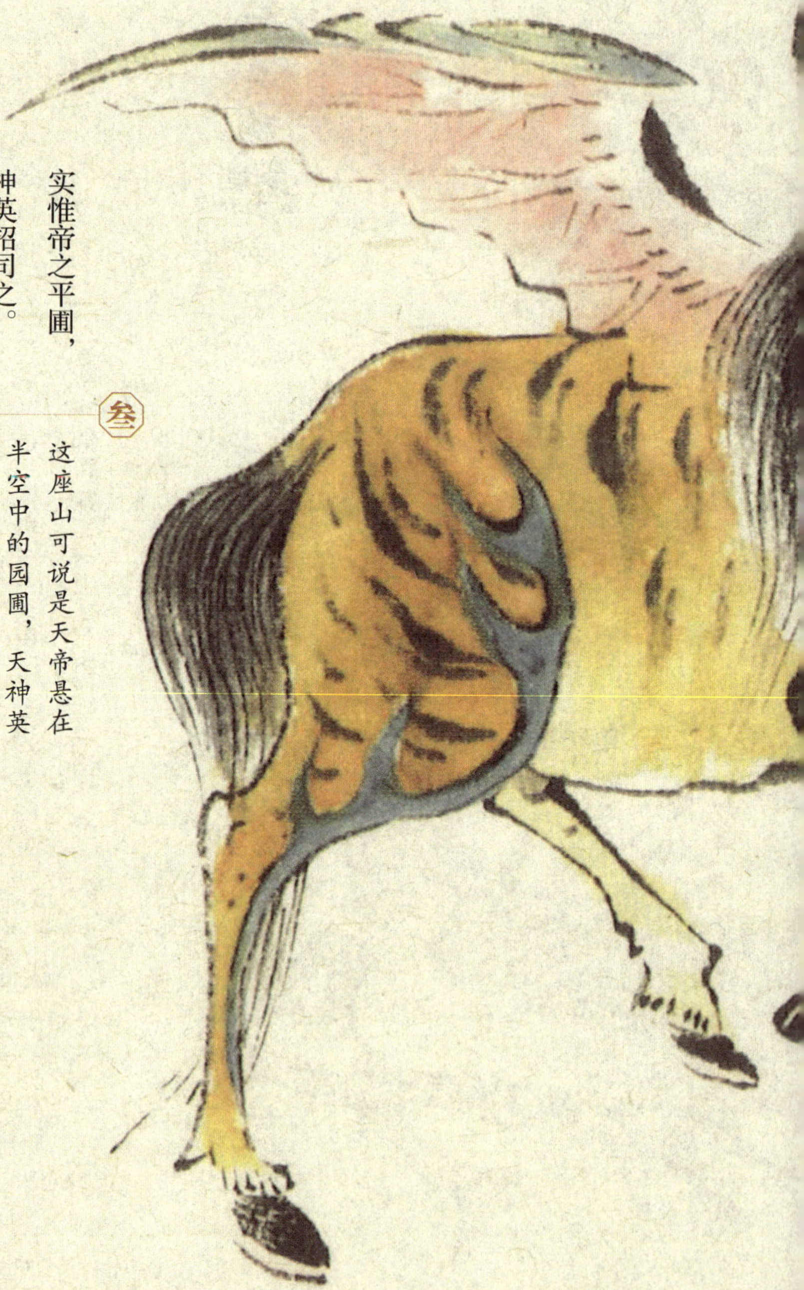

英招

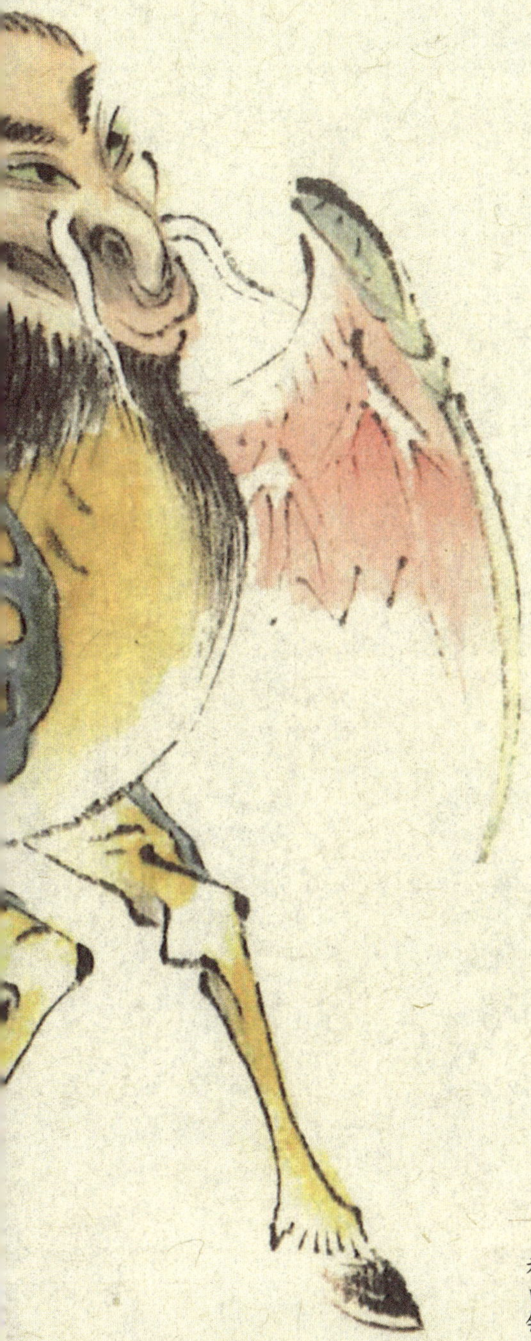

英招，馬身人面，虎文鳥翼，司槐江山

又西三百二十里，曰槐江之山。丘时之水出焉，而北流注于泑水。

壹

再往西三百二十里就是槐江山，丘时水从这里发源，向北流入泑水。

其中多蠃母，其上多青雄黄，多藏琅玕、黄金、玉。其阳多丹粟，其阴多采黄金、银。

贰

水中多产螺母，槐江山上多产石青、雄黄、琅玕、黄金和玉石。山的南面多产像粟米大小的细丹砂，山的北面多产有花纹的黄金和白银。

其神状虎身而九尾，人面而虎爪；是神也，司天之九部及帝之囿时。

贰

陆吾长着老虎的身子却有九条尾巴，人的脸和老虎的爪子，他掌管着天上九域的部界和天帝苑囿的时节。

陆吾

陆吾，虎身九首，人面虎爪，司昆仑之丘

西南四百里，曰昆仑之丘。是实惟帝之下都，神陆吾司之。

壹

往西南四百里，叫做昆仑山，这里本来是天帝在下界的都城，天神陆吾掌管这里。

有神焉，其状如黄囊，赤如丹火，六足四翼，浑敦无面目，是识歌舞，实为帝江也。

贰

山中有一个天神，样子像黄色的口袋，皮肤红得像火，六只脚，四只翅膀，长得圆圆滚滚的看不到脸面，但是能歌善舞，这个神就是帝江。

帝江

又西三百五十里，曰天山。多金、玉，有青雄黄。英水出焉，而西南流注于汤谷。

壹

再往西三百五十里，叫做天山。多出产金属矿物、玉石、石青和雄黄。英水从这里发源，向西南流入汤谷。

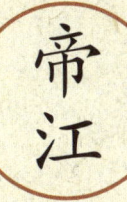

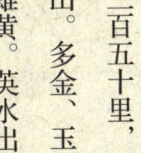

刚水出焉，
北流注于渭。
是多神䰠（chì），
其状人面兽身，
一足一手，其音如钦。

贰

刚水从这里发源，向北流入渭水。山上有很多神䰠，长着人的脸却长着兽的身子，一只脚，一只手，发出的声音像人在呻吟。

神魑

又西百二十里，曰刚山。多柒木，多㻬（tū）琈（fú）之玉。

壹

再往西一百二十里，叫做刚山。山上有很多漆树和㻬琈玉。

吉神泰逢司之，
其状如人而虎尾，
是好居于萯山之阳，
出入有光，
泰逢神动天地气也。

叁

吉神泰逢主管着这座山，他的外形像人，却长着老虎的尾巴。他喜欢住在萯山的南面，进出都带有闪耀的光辉，这是因为泰逢是神，能够动摇天地之气造成的。

泰逢

泰逢，狀如人而虎尾，和山之神也，好居萯山陽，出入有光

又东二十里，曰和山。其上无草木而多瑶、碧，实惟河之九都。

壹

再往东二十里，叫做和山。山上不生长任何草木，多出产瑶、碧等美玉，是河水的九条水流汇聚的地方。

是山也五曲，九水出焉，合而北流注于河，其中多苍玉。

贰

这座山弯弯曲曲有五重，九条水流从这里发源后又汇聚起来流入黄河中，河水中盛产苍玉。

中次六经缟(gǎo)羝(dǐ)之首，曰平逢之山，南望伊洛，东望谷城之山，无草木，无水，多沙石。

壹

中央第六列山系缟羝山的开始第一座山，叫做平逢山。山的南边可以看见伊水和洛水，东边可以看见谷城山。山中不生长任何草木，也没有水源，只有沙石遍布。

有神焉，其状如人而二首，名曰骄虫，是为螫(zhē)虫，实惟蜂、蜜之庐。其祠之，用一雄鸡，禳(ráng)而勿杀。

贰

山中有一个神叫骄虫，形状像人却长着两个脑袋，他是一切螫虫的首领，也是众多的蜂虫栖息的房舍。祭祀他用一只雄鸡，祈祷后放生勿杀。

骄虫

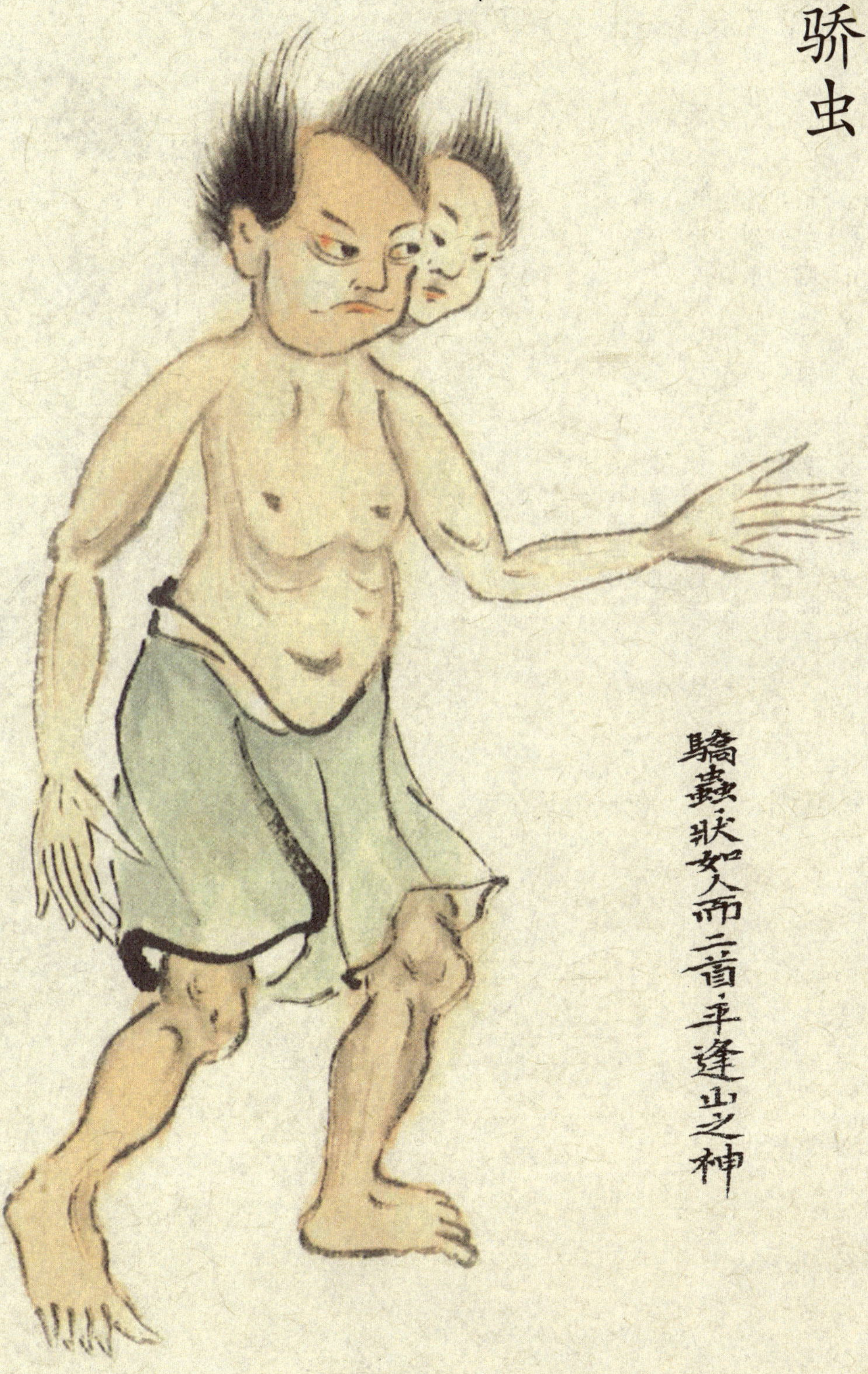

驕蟲狀如人而二首，平逢山之神

神蟲（tuó）围处之，
其状如人面，
羊角虎爪，
恒游于雎、漳之渊，
出入有光。

贰

天神蟲围居住在这里，他的形状像人却长着羊角和虎爪，常常在雎水和漳水的渊潭里游走，他出入水面时会发出耀眼的光芒。

蟲围

又东北百五十里，曰骄山。其上多玉，其下多青雘（huò），其木多松、柏，多桃枝、钩端。

壹

再往东北一百五十里，叫做骄山。山上多产玉石，山下多产青雘，山中树木多是松树和柏树，还有桃枝、钩端这类小竹子。

蟲圍人面羊角虎爪
處驕山恒遊於睢漳之淵

又东百三十里，
曰光山。
其上多碧，
其下多水。

壹

再往东一百三十里，
叫做光山。
山上多出产碧玉，
山下有很多水。

神计蒙处之，
其状人身而龙首。
恒游于漳渊，
出入必有飘风暴雨。

贰

天神计蒙就居住在这里，他有着人的身子，龙的脑袋。常常在漳水的深渊里游玩，他进出水面往往都会带来狂风暴雨。

计蒙

計蒙人身龍首，居光山，恒遊於漳淵，出入必有風雨

刑天与帝至此争神，帝断其首，葬之常羊之山。

壹

刑天与天帝争神位，天帝砍掉了他的脑袋，把他的头埋在常阳山。

乃以乳为目，以脐为口，操干戚以舞。

贰

于是刑天把两个乳房当做眼睛，把肚脐当做嘴巴，左手握着盾牌，右手举着斧头继续战斗。

刑天

西方蓐（rù）收，左耳有蛇，乘两龙。

西方的金神蓐收，左耳上挂着蛇，驾着两条龙。

蓐收

蓐收。左耳有青蛇。乘兩龍。面目有毛。虎爪。執鉞。西方金神也

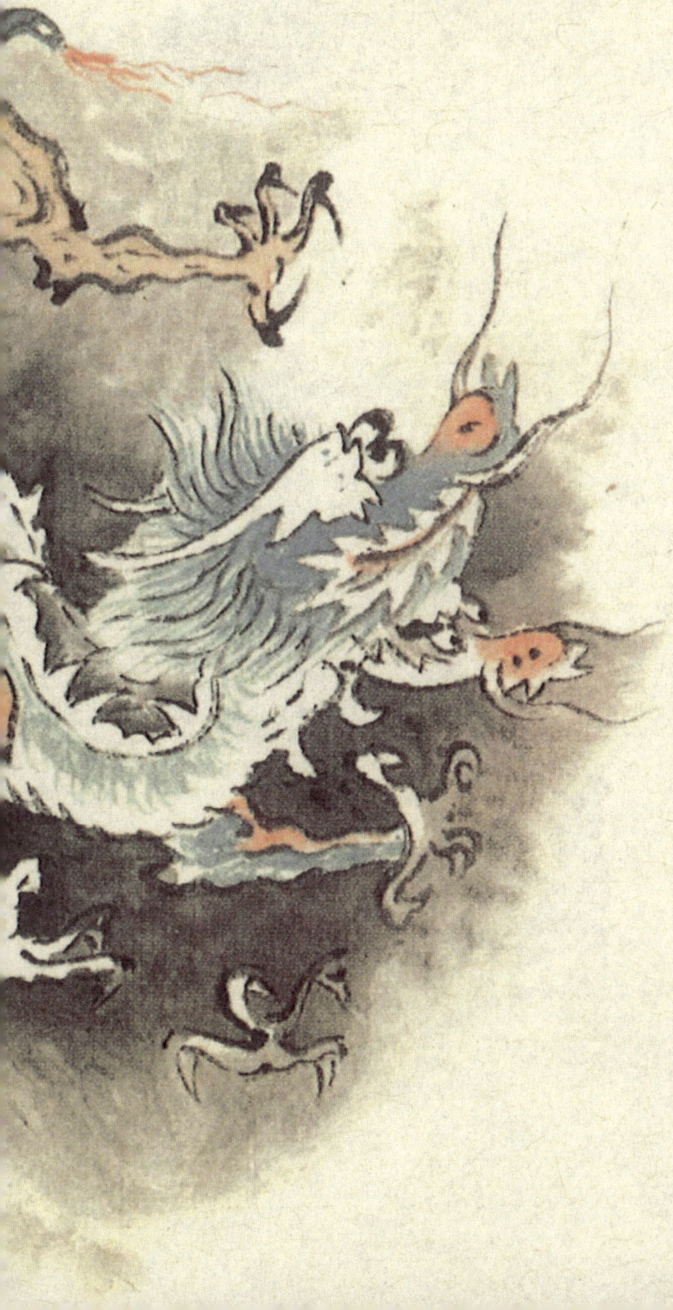

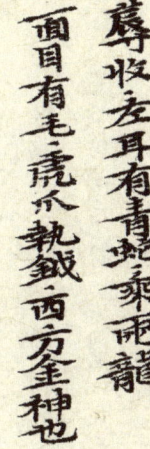

身长千里。在无膂（qǐ）之东。其为物，人面，蛇身，赤色，居钟山下。

贰

他的身长有一千里，在无膂国的东边。他长着人的脸，蛇的身子，浑身赤红，居住在钟山脚下。

烛阴

钟山之神，名曰烛阴。视为昼，瞑为夜，吹为冬，呼为夏，不饮，不食，不息，息为风。

壹

钟山的山神名叫烛阴。他睁开眼睛就是白天，闭上眼睛就变成黑夜，他要是一吹气就是冬天，一呼气又变成夏天。他不吃不喝，不呼吸，一呼吸气息就会化作大风。

燭陰，人面蛇身，赤色，
身長千里，
鐘山之神也

相柳九首人面蛇身

在昆仑之北，柔利之东。相柳者，九首人面，蛇身而青。

叁

帝台在昆仑山的北边，柔利国的东边。相柳长着九个和人一样的脑袋，身体像蛇，青色。

相柳

共工之臣曰相柳氏，九首，以食于九山。相柳之所抵，厥为泽溪。

壹 共工有个臣子叫相柳氏，有九个脑袋，可以同时吃九座山上的食物。相柳所到之处，都变成了沼泽和溪流。

禹杀相柳，其血腥，不可以树五谷种。禹厥之，三仞三沮，乃以为众帝之台。

贰 禹杀死了相柳，他的血腥得不能够栽种五谷。禹便挖掘这块地，多次填埋都陷落下去，于是就把挖出的土为各位天帝修筑了高高的帝台。

奢比之尸在其北。兽身、人面、大耳，珥两青蛇。

奢比尸神在它的北边。野兽的身子，人的脸，大耳朵，耳朵上挂着两条青蛇。

奢比

奢比、獸身、人面、大耳、珥兩青蛇

其为兽也，八首人面，八足八尾，皆青黄。

贰

它长着野兽的身躯，有八个和人一样的脑袋，还有八条腿和八条尾巴，他身上的颜色都是青中带黄。

天吴

朝阳之谷，
神曰天吴，
是为水伯。
在虹虹北两水间。

壹

掌管朝阳谷的天神名叫天吴，是一位水神。天吴处在双虹北边的两条水中间。

天吴、虎身人面、八首八足、八尾、
朝陽谷之神、青黄十尾

一曰在十日北。为人黑身人面，各操一龟。

贰

另一种说法是雨师妾国在十个太阳的北边。这里的人身体漆黑，两只手各握着一只乌龟。

雨师妾

雨師妾黑身人面、兩手各操壹蛇、左耳有青蛇、右耳有赤蛇

雨师妾在其北。其为人黑，两手各操一蛇，左耳有青蛇，右耳有赤蛇。

壹

雨师妾国在它的北边。这个国家的人浑身漆黑，两只手各握一条蛇，左耳挂着青蛇，右耳挂着红蛇。

贰负之臣曰危，危与贰负杀窫（zhá）窳（yú）。帝乃梏之疏属之山，桎其右足，反缚两手与发，系之山上木。在开题西北。

贰负有个臣子叫危，危和贰负一同杀了天神窫窳。天帝于是把贰负禁锢在了疏属山上，铐住了他的右脚，再用他的头发反绑了他的双手，栓在疏属山的树干上。他被绑的地方在开题国的西北边。

贰负之臣

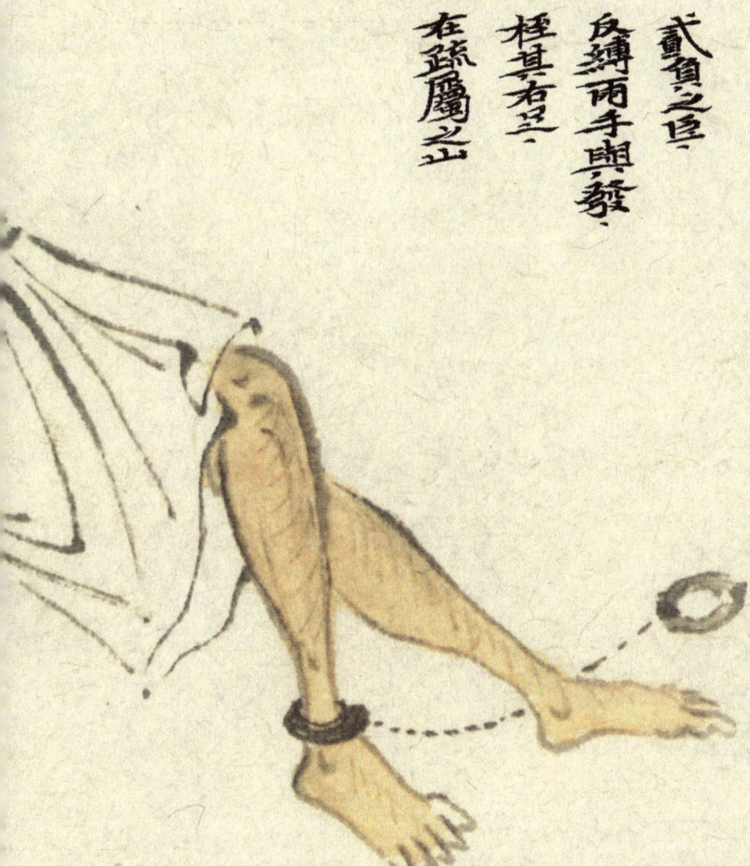

雷神

雷泽中有雷神，龙身而人头，鼓其腹，在吴西。

雷泽之中有雷神，长着龙的身子，人的脑袋，他敲打自己的肚子就能放出雷电，住在吴地的西边。

雷神，龍身人頭，鼓其腹，在吴西

大荒之中，有山名曰北极天柜，海水北注焉。有神，九首，人面，鸟身，名曰九凤。

大荒之中，有座山叫做北极天柜，海水从北边灌注进来。山中有个叫九凤的神，他长了九个脑袋，人的脸，鸟的身子。

九凤

九鳳，九首，人面，鳥身，居北極天櫃之山

又有神，衔蛇操蛇，其状虎首人身，四蹄长肘，名曰强良。

还有一位神，名叫强良，他嘴里衔着蛇，手上握着蛇，长着老虎的头和人的身子，还有四只蹄子和长长的肘子。

强良

彊良虎首、人身四蹄長肘、銜蛇操蛇與九鳳同山

第贰卷

异域

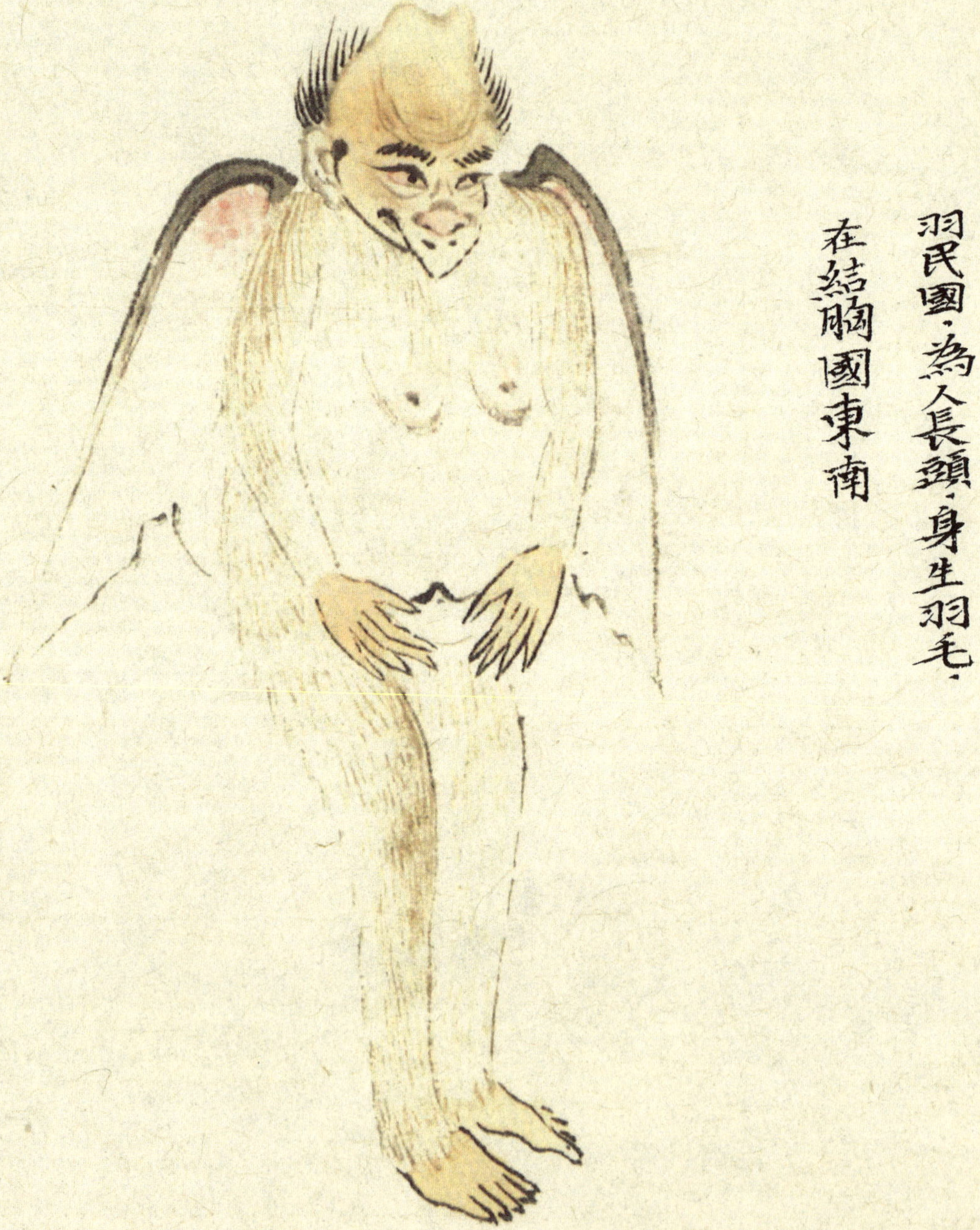
羽民國，為人長頭，身生羽毛。
在結胸國東南

羽民国

羽民国在其东南。其为人长头，身生羽。一曰在比翼鸟东南，其为人长颊。

羽民国在它的东南边。这个国家的人都是长长的脑袋，身上长着羽毛。还有一种说法，羽民国在比翼鸟的东南边，那里的人都是长脸颊。

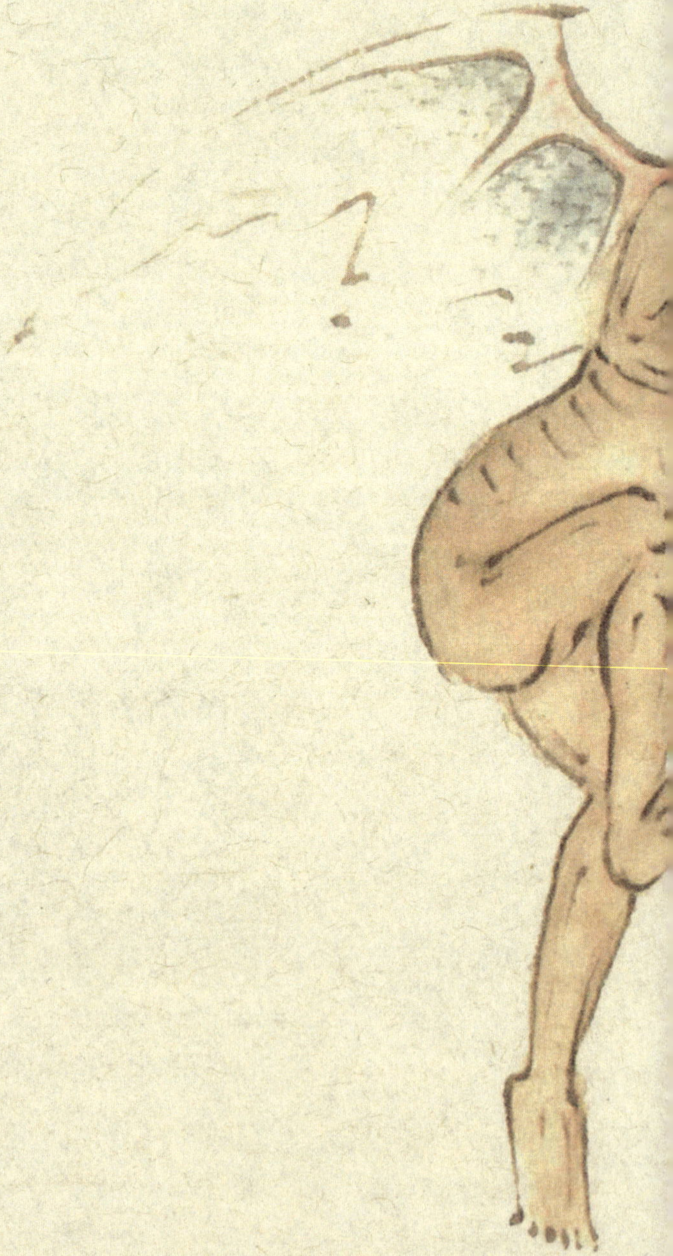

讙（huān）头国在其南。其为人人面有翼，鸟喙，方捕鱼。一曰在毕方东。或曰讙朱国。

讙头国在它的南边。讙头国人都长着人的脸，生着翅膀和鸟的嘴，他们就是用鸟嘴来捕鱼。还有一种说法，讙头国在毕方鸟的东边，或者叫做讙朱国。

讙头国

讙頭國、人面有翼、鳥喙、方捕魚、在畢方東

厌火国在其国南。兽身黑色。生火出其口中。一日在讙朱东。

厌火国在它的南边。这个国家的人都长着野兽的身子，浑身漆黑，口中还能喷火。还有一种说法是，厌火国在讙朱国的东边。

厌火国

厭火國、獸身、黑色、生火出其口中、在讙頭東

贯匈国在其东。其为人匈有窍。一曰在𢧀国东。

贯胸国在它的东边。这个国家的人胸口都有一个洞。还有一种说法是，贯胸国在𢧀国的东边。

計蒙
人身龍首居光山恒游于漳渊出入必有風雨

鼉圍
人面羊角虎爪寓驕山恒遊于漳之渊

英招
馬身人面虎文鳥翼居槐江

鼓
人面龍身居鍾山

夸父

蓐收
左耳有青蛇乘兩龍面目有毛虎爪執鉞西方金神

燭陰
人面蛇身赤色身長千里鍾山之神也

神䰠
人面獸身一足一手居剛山

帝江
狀如黃囊赤如丹火六足四翼渾敦無面目居天山

形天
無首操干戚而舞以乳為目以臍為口

贯胸国

貫胸國為人胸有竅在戴國東

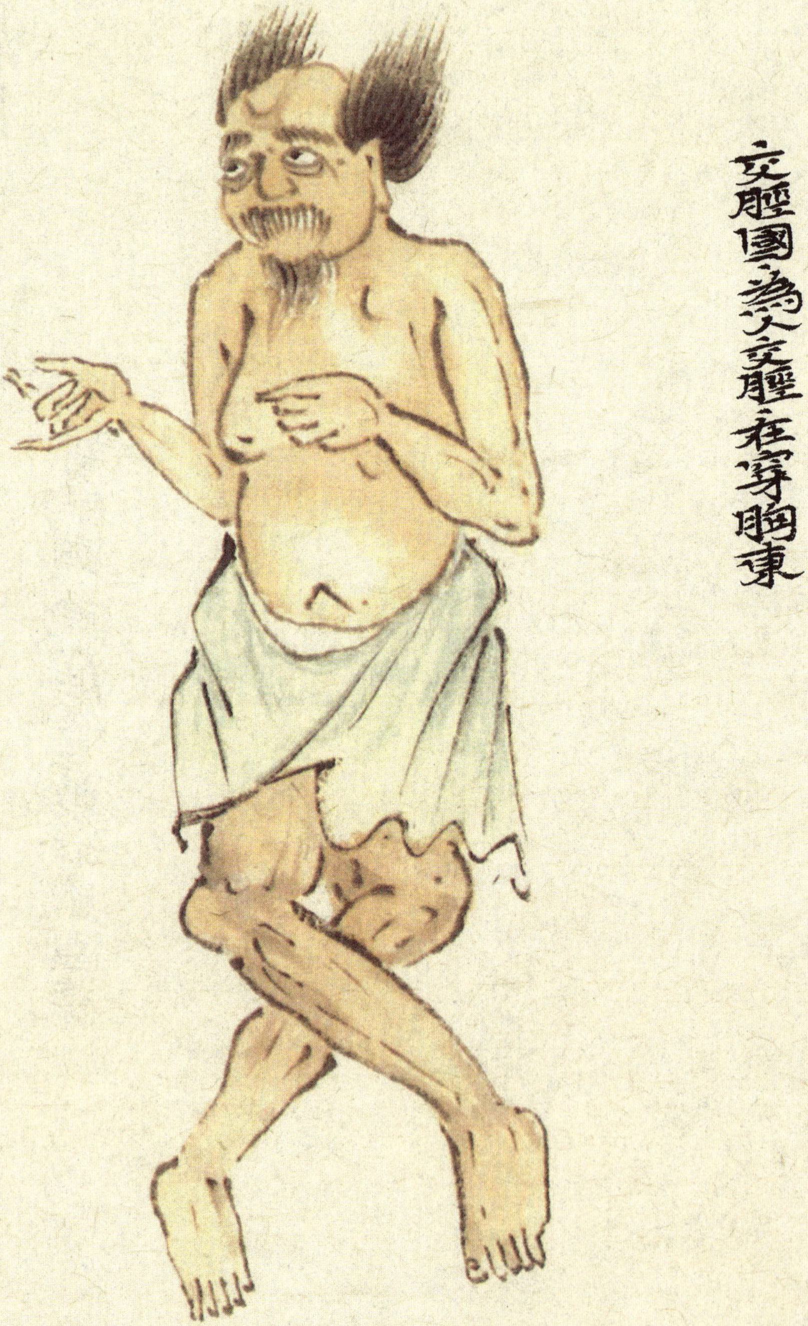
交脛國為人交脛在穿胸東

交胫国

交胫国在其东。其为人交胫。一曰在穿匈东。

交胫国在它的东边。这个国家的人两条腿是交叉的。还有人说，交胫国在穿胸国的东边。

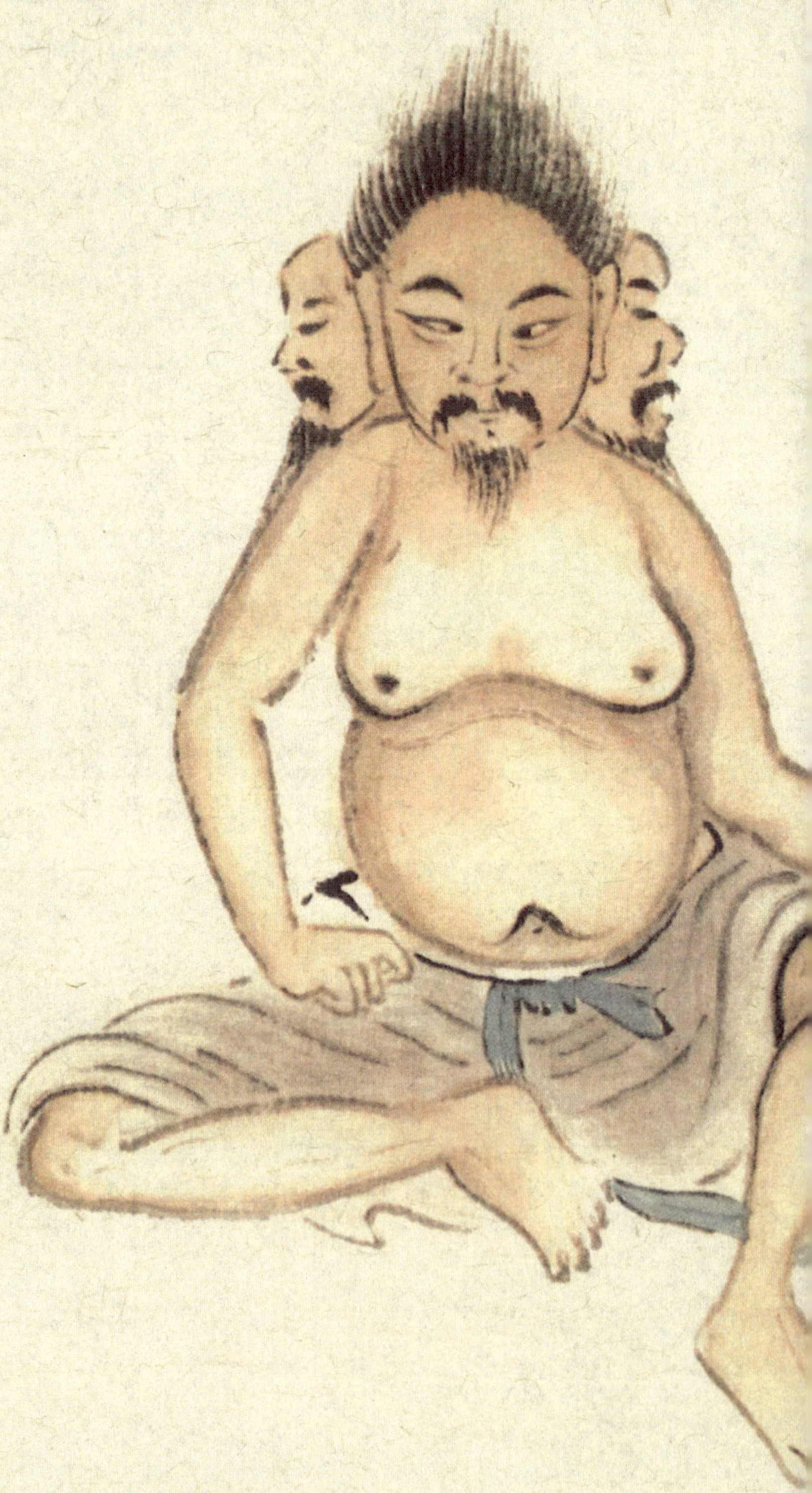

三首国

三首国在其东。其为人一身三首。一曰在凿齿东。

三首国在它的东边。这个国家的人都是一个身子，三个脑袋。还有人说，三首国在凿齿的东边。

三首國壹身三首·在鑿齒東

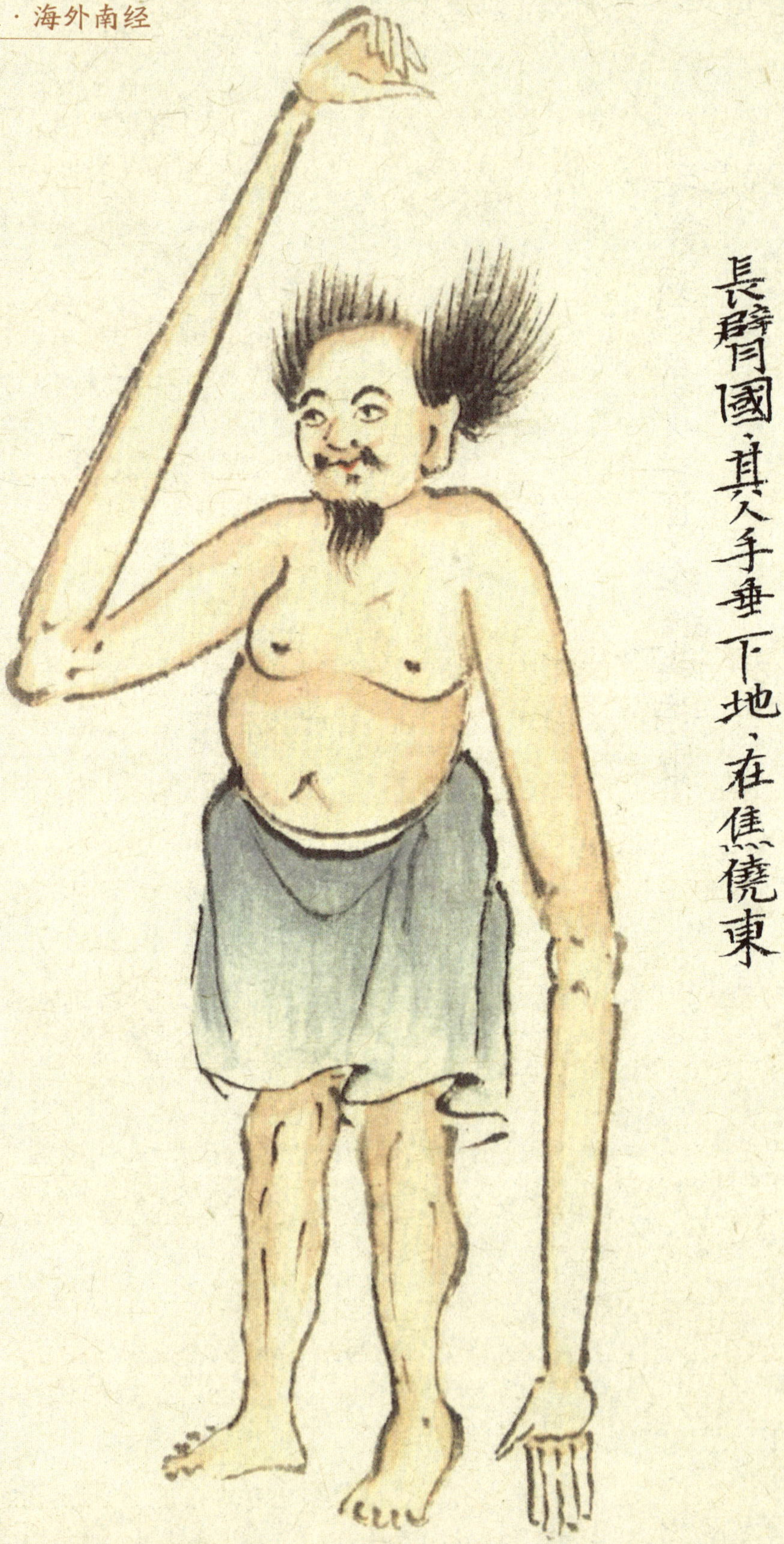
長臂國，其人手垂下地，在焦僥東

长臂国

长臂国，其人手垂下地，在焦侥（yáo）东。

长臂国，这个国家的人手长垂到地，在焦侥的东边。

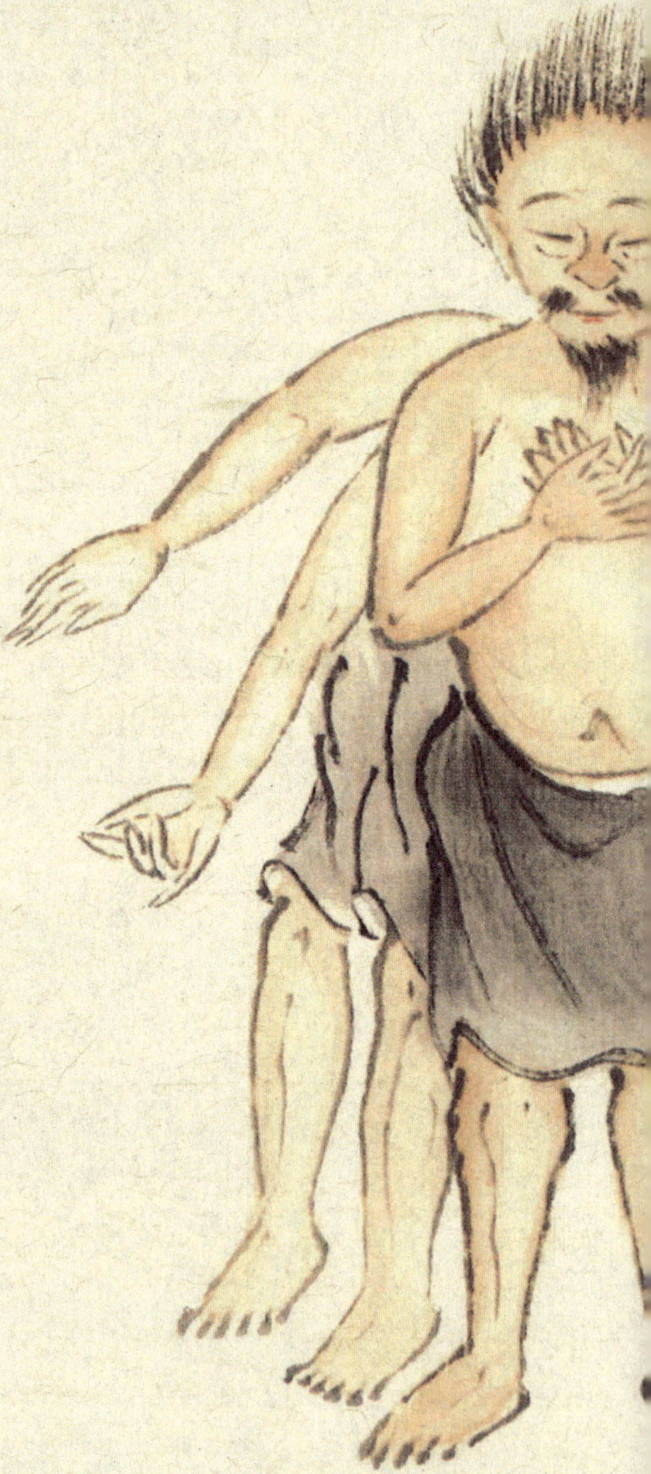

三身国在夏后启北。一首而三身。

三身国在夏君主夏启的北边，国人都长着一个脑袋三个身子。

三身国

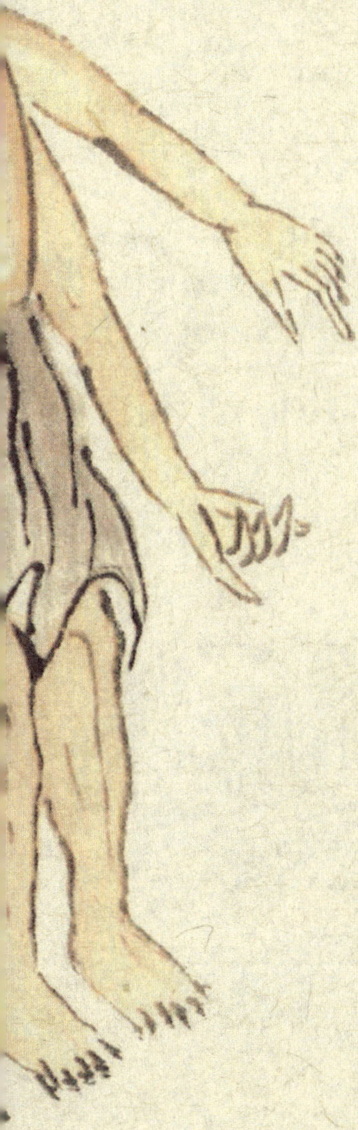

三身國，壹首而三身，在海外西南

有鸟焉，两头，赤黄色，在其旁。

贰

有一种鸟，长着两个脑袋，通体红黄色，跟随在他们的身边。

奇肱国

奇肱之国在其北。其人一臂三目，有阴有阳，乘文马。

壹

奇肱国在它的北边。这个国家的人长着一条手臂和三只眼睛，眼睛还有阴阳之分，平时乘坐有花纹的马。

奇肱國，其人壹臂三目，有陰有陽，能作飛車，從風遠行，在壹臂國北

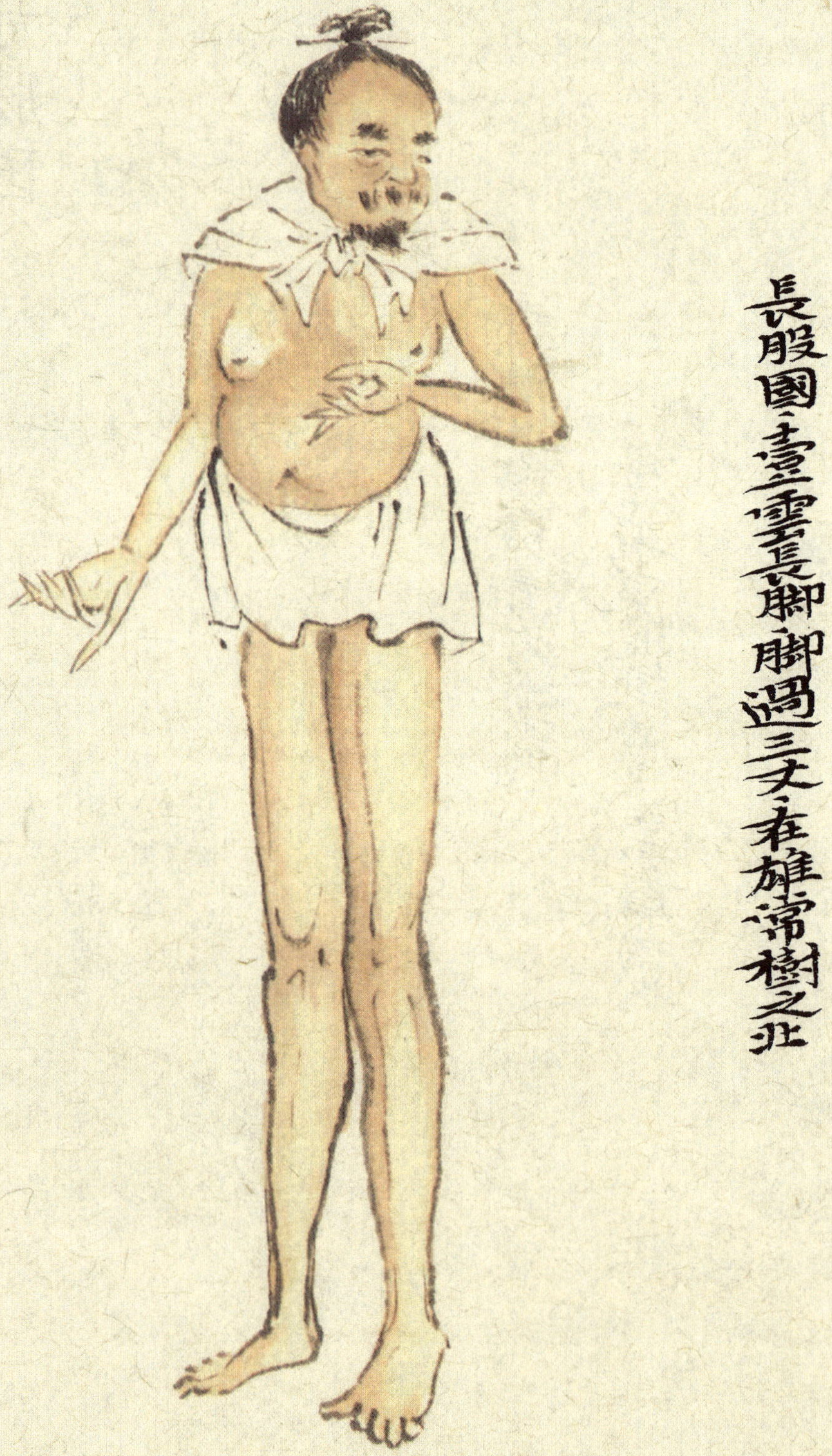
長股國·壹雲長脚脚過三丈·在雄常樹之北

长股国

长股之国在雄常北。披发。一曰长脚。

长股国在雄常树的北面，国人都披头散发，也有人称他们为长脚国。

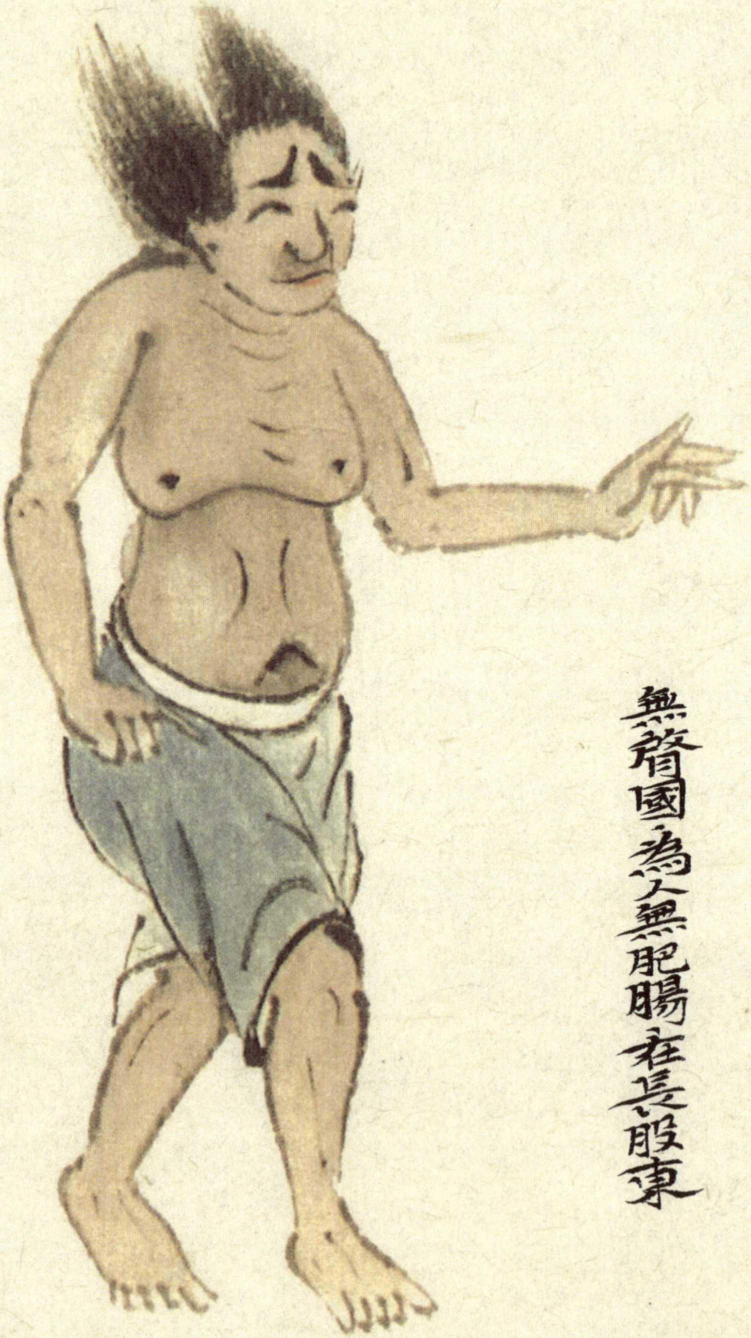
無脊國為人無肥腸在長股東

无膂国

无膂之国在长股东。为人无膂。

无膂国在长股国的东边，这个国家的人都没有小腿肚。

壹目國壹目中其面而居在燭龍之東

一目国

一目国在其东。一目中其面而居。一曰有手足。

一目国在它的东边。这里的人都只有一只眼睛，生在脸的中央。有人说他们有手有脚。

柔利国在一目东。为人一手一足，反膝，曲足居上。

壹

柔利国在一目国的东边。这里的人只有一只手、一只脚，膝盖反向生长，脚弯曲朝上。

一云留利之国，人足反折。

贰

还有人称他们为留利国，国人的脚都是反折的。

柔利国

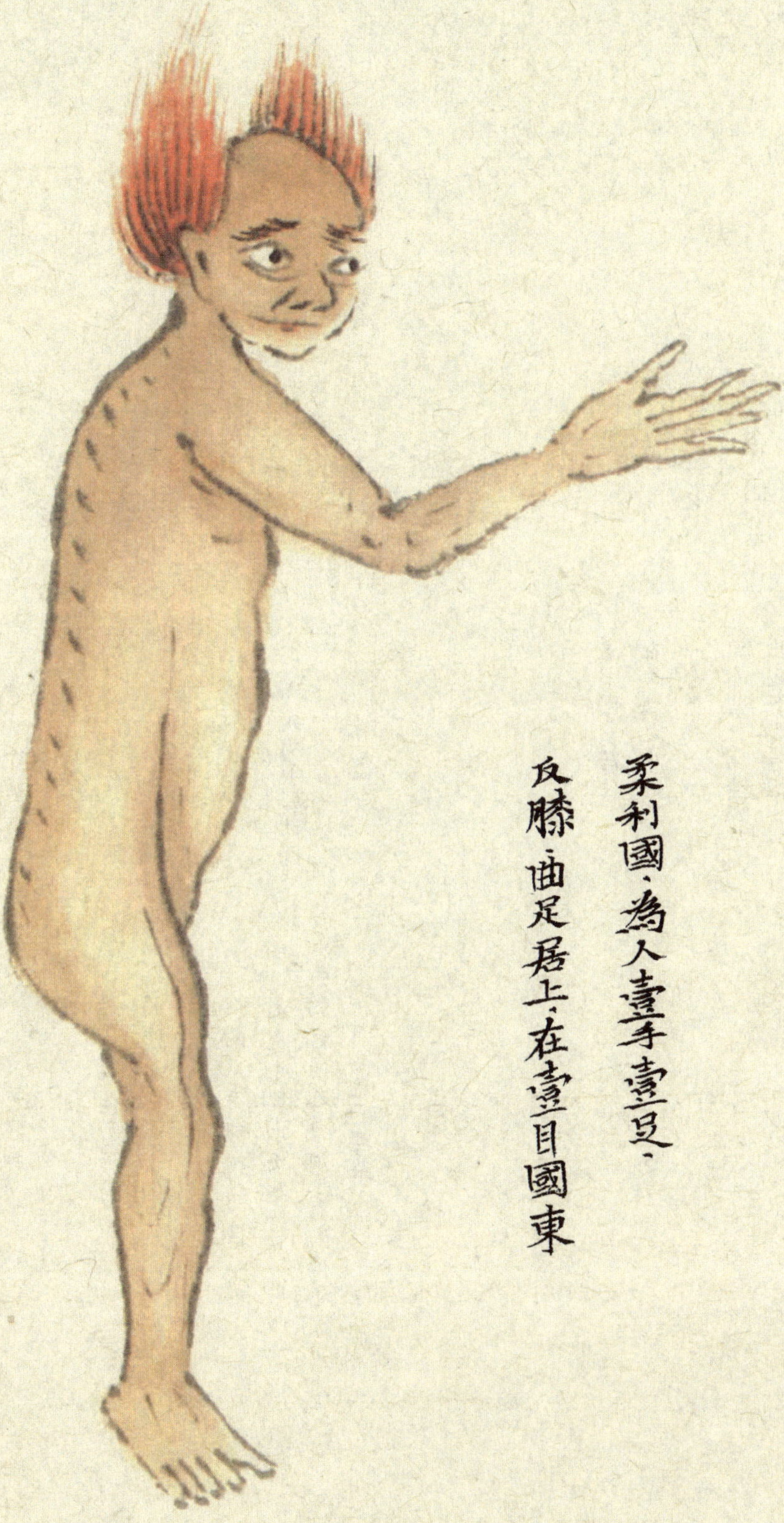

柔利國、為人壹手壹足、反膝、曲足居上、在壹目國東

壹

聂耳之国在无肠国东。使两文虎，为人两手聂其耳。

聂耳国在无肠国的东边。这个国家的人每人都使唤两只有斑纹的老虎，他们走路的时候都要用手托着自己的耳朵。

贰

县居海水中，及水所出入奇物。两虎在其东。

这个国家居住在大海之中的一个孤岛上，海水里经常会出现各种奇怪的生物，两只老虎在它的东边。

聂耳国

聶耳國，為人耳長，
行則以手攝持之，在無腸國東

毛民國為人身生毛在海外東北

毛民国

毛民之国在其北。为人身生毛。一曰在玄股北。

毛民国在它的北边。这里的人浑身都长满了毛。还有人说，毛民国在玄股国的北边。

枭阳国在北朐（qú）之西。其为人，人面长唇，黑身有毛，反踵*，见人笑亦笑，左手操管。

枭阳国在北朐国的西边。这里的人都长着人脸和长长的嘴唇，浑身漆黑还长有长毛，足跟倒转长在前面，脚尖在后，看见人笑也跟着笑，手里拿着一根竹筒。

* 此处为古代略写画，并没有体现出“反踵”，请读者知晓。

枭阳国

梟陽國、人面長唇、黑身有毛、見人笑亦笑、笑則唇掩其目

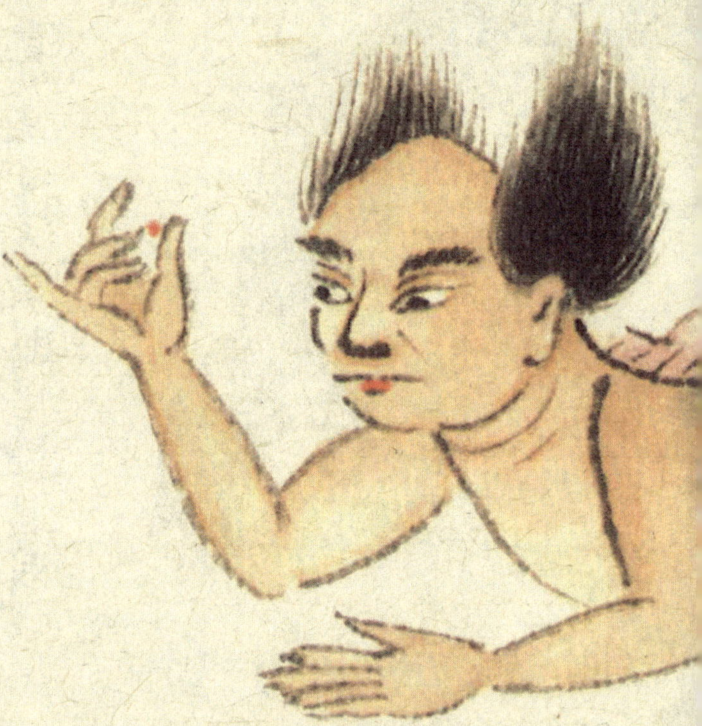

氐人国在建木西。其为人，人面而鱼身，无足。

氐人国在建木的西边。这里的人长着人脸却有鱼的身体，没有脚。

氏人国

氏人國，人面魚身，無足，在建木西

一臂民，
一手一足一目一鼻孔，
在大荒之西。

一臂国的臣民，只有一条胳膊、一条腿、一只眼睛和一个鼻孔，在大荒的西边。

一臂民

壹臂民。壹手壹足壹目壹鼻孔。在大荒之西

大荒之中有山，名曰大荒之山。日月所入。

壹

大荒之中，有一座山，山名大荒山。是太阳和月亮降落的地方

有人焉三面，是颛（zhuān）顼（xū）之子，三面一臂，三面之人不死。是谓大荒之野。

贰

那里有人有一个脑袋三张脸，他是颛顼的后代，有三张脸和一条胳膊，永远不会死亡。这里叫做大荒野。

三面人

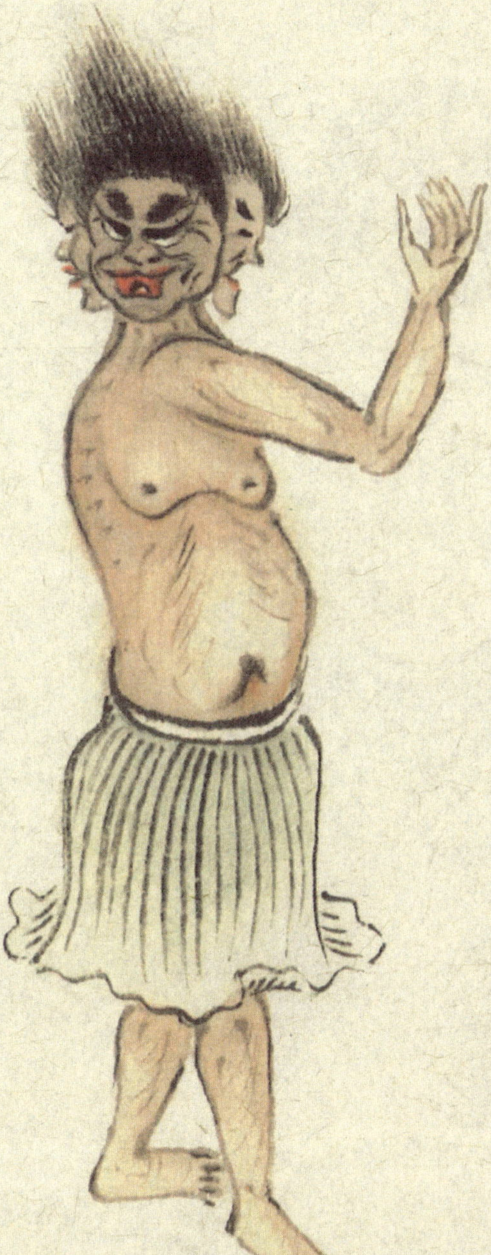

三面人、人頭三、邊各有面、無右臂、居大荒山

釘靈國
其民從膝以下有毛
馬蹄，善走
在康居北

钉灵国

钉灵国，其民从膝以下有毛，马蹄，善走，在康居北。

钉灵国的人从膝盖以下都长有长毛和马一样的蹄子，擅长奔跑。住在康居北边

第叁卷

兽族

有兽焉，其状如禺而白耳，伏行人走，其名曰狌狌（xīng），食之善走。

山中有一种兽，外形像猿猴，长着一对白色的耳朵，既能四足着地行走又能像人一样直立行走，它的名字叫做狌狌，吃了它的肉就能走得很快。

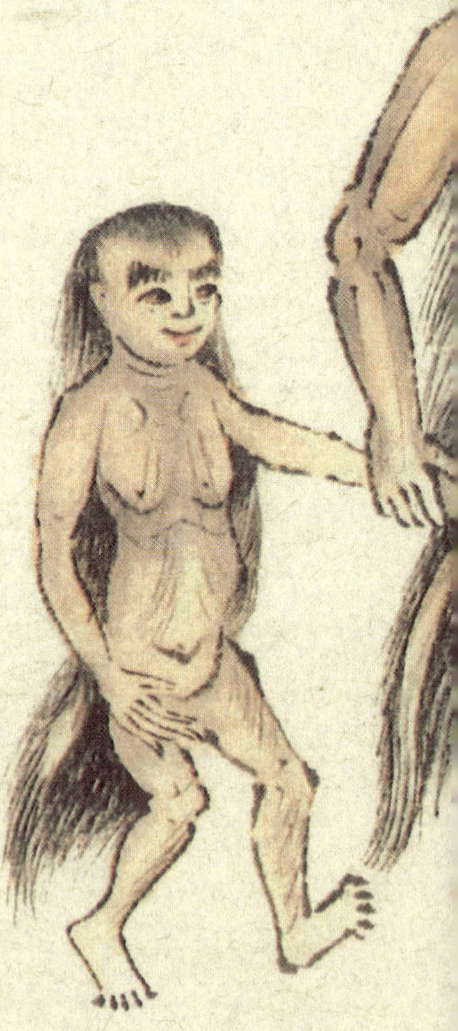

狌狌

狌狌状如禺而白耳，
伏行人走，出招摇山

有兽焉，
其状如马而白首，
其文如虎而赤尾，
其音如谣，
其名曰鹿蜀。
佩之宜子孙。

贰

山里有一种兽叫鹿蜀，它的外形像马，却长着白色的脑袋，身上的花纹像老虎但有着红色的尾巴，它的鸣叫声像人在吟唱，它的名字叫鹿蜀。把鹿蜀的皮毛穿在身上有利于繁衍子孙。

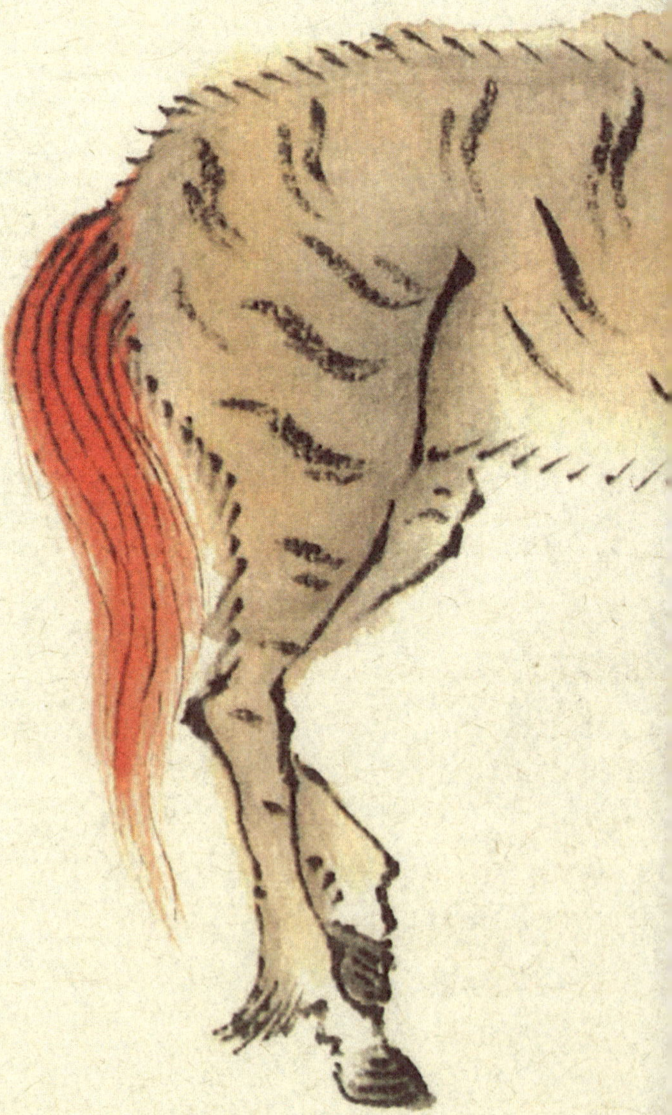

鹿蜀

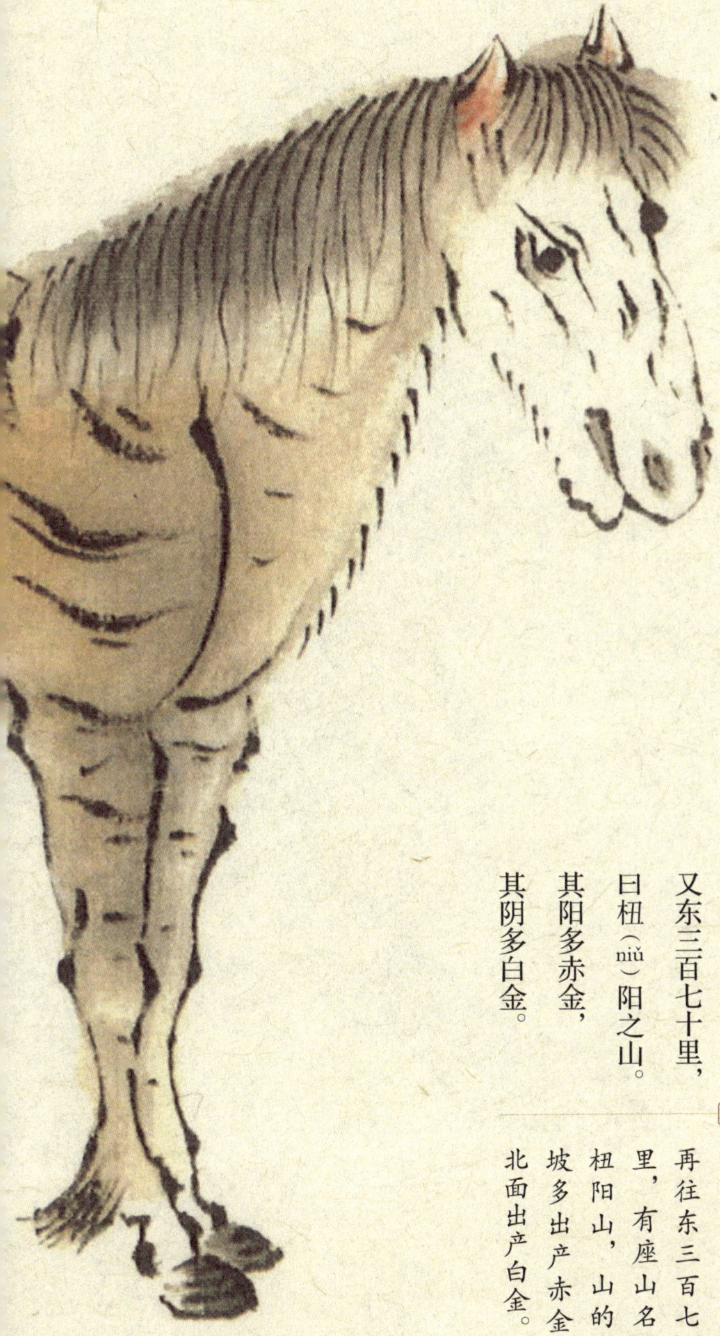

鹿蜀，狀如馬而白首，其文如虎而赤尾，佩其皮，宜子孫，出杻陽山

又东三百七十里，曰杻（niǔ）阳之山。其阳多赤金，其阴多白金。

壹

再往东三百七十里，有座山名叫杻阳山，山的南坡多出产赤金，北面出产白金。

有兽焉，其状如狸而有髦，其名曰类，自为牝牡，食者不妒。

贰

山中有一种兽叫做类，它的形状像野猫却长着长长的头发，它雌雄同体，可以自己跟自己交配，吃了它可以使人没有妒忌之心。

类

類狀如貍而有髦、自為牝牡、出亶爰山

又东四百里，曰亶爰之山。多水，无草木，不可以上。

壹

再向东四百里是亶爰山。山中有很多水流但是寸草不生，难以攀登。

有兽焉，其状如羊，九尾四耳，其目在背，其名曰猼（bó）訑（dàn）。佩之不畏。

贰

山中有一种兽叫做訑猼，它形状像羊，有九条尾巴、四只耳朵，眼睛长在背上，它的名字叫猼訑。穿戴它的皮毛让人不会感到畏惧。

猼𬣳

猼訑，狀如羊，九尾四耳，其目在背，出基山

又东三百里，曰基山。其阳多玉，其阴多怪木。

壹

再向东三百里是基山。山的南面盛产玉石，北面生长着许多奇怪的树木。

有兽焉，其状如狐而九尾，其音如婴儿，能食人，食者不蛊。

贰

山中有一种兽，外形像狐狸却有九条尾巴，声音像婴儿的哭声一般，能吃人。如果吃了这种野兽的肉，能使人不怕妖邪之气。

九尾狐

九尾狐，狐身九尾，能食人，出青邱山

又东三百里，曰青丘之山。其阳多玉，其阴多青雘（huò）。

壹

再往东三百里，是青丘山。山的南面盛产玉石，北面盛产青雘。

东南四百五十里，曰长右之山。无草木，多水。

壹

再往东南四百五十里是长右山。那里不生长草木，有很多水流。

有兽焉，其状如禺而四耳，其名长右，其音如吟，见则郡县大水。

贰

山中有一种兽叫长右，外形像猴子却长着四只耳朵，它的声音像人的呻吟，出现长右的郡县定会发生大水灾。

长右

長右狀如禺而四耳見則大水出長右山

又东三百四十里，曰尧光之山。其阳多玉，其阴多金。

壹

再向东三百四十里是尧光山。山的南面盛产玉石，北面多产金属矿物。

有兽焉，其状如人而彘鬣（liè），穴居而冬蛰，其名曰猾裹（huái），其音如斫木，见则县有大繇。

贰

山中有一种兽叫猾裹，外形像人却长着猪的鬣毛，它住在山洞里，到了冬天就蛰伏起来，它叫起来的声音就像砍木头的声音一样，它出现在哪个县，哪个县就会有很重的徭役。

猾褢

猾褢、狀如人而彘鬣、音如斫木見則其縣有繇、出堯光山有兽焉，其状如虎而牛尾，其音如吠犬，其名曰彘（zhì），是食人。

贰

山中有一种兽叫彘，它的外形像老虎却长着牛的尾巴，声音像狗的叫声，它会吃人。

彘

彘狀如虎而牛尾
音如吠犬是食人
出浮玉山

又东五百里，曰浮玉之山。北望具区，东望诸毗。

壹

再往东五百里是浮玉山。向北可以看见具区泽，向东可以看见诸毗水。

又东四百里，曰洵山。其阳多金，其阴多玉。

壹

再向东四百里是洵山。山的南面盛产金属矿物，北面盛产玉石。

有兽焉，其状如羊而无口，不可杀也，其名曰䍺（huàn）。

贰

山中有一种兽叫䍺，它的外形像羊但没有嘴巴，不吃食物也不会死亡。

䍺

䍺狀如羊而無口出洵山

水有兽焉，名曰蛊雕，其状如雕而有角，其音如婴儿之音，是食人。

贰

水中有一种兽叫蛊雕，外形像雕但头上长了角，它的叫声像婴儿啼哭一样，会吃人。

蛊雕

又东五百里，曰鹿吴之山。上无草木，多金、石。泽更之水出焉，而南流注于滂水。

壹

再向东五百里是鹿吴山。山上寸草不生，但有很多金属、玉石。泽更水从这里发源，向南流入滂水。

有兽焉，其状如羊而马尾，名曰羬（qián）羊，其脂可以已腊。

贰

山中有一种兽叫羬羊，形状像羊却长着马的尾巴，它身上的油脂可以用来治疗皮肤的皲裂。

羬羊

羬羊、狀如羊而馬尾、出錢來山

西山经华山之首，曰钱来之山。其上多松，其下多洗石。

壹

西方华山山系的首座山叫做钱来山。山上有很多松树，山下有很多洗石。

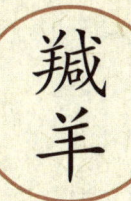

符禺之水出焉，
而北流注于渭。
其兽多葱聋，
其状如羊而赤鬣。

符禺水发源于符禺山，之后向北流入渭水。符禺山中有一种叫葱聋的野兽，形状像羊而有红色的鬣毛。

葱聋

蔥聾、狀如羊而赤鬣、出符禺山

有兽焉，其状如豚而白毛，大如笄而黑端，名曰豪彘。

竹山上有一种兽叫豪猪，它的外形像小猪，身上长满了像发簪一样粗的白毛，毛的尖端是黑色的。

豪彘

豪彘，其狀如豚，白毛，
白毛，大如笄而黑端，出竹山

有兽焉，其状如鹿而白尾，马足人手而四角，名曰玃（yīng）如。

皋涂山中有一种兽叫玃如，它像鹿却长着白色的尾巴、四只角，前两足像人手，后两足像马蹄。

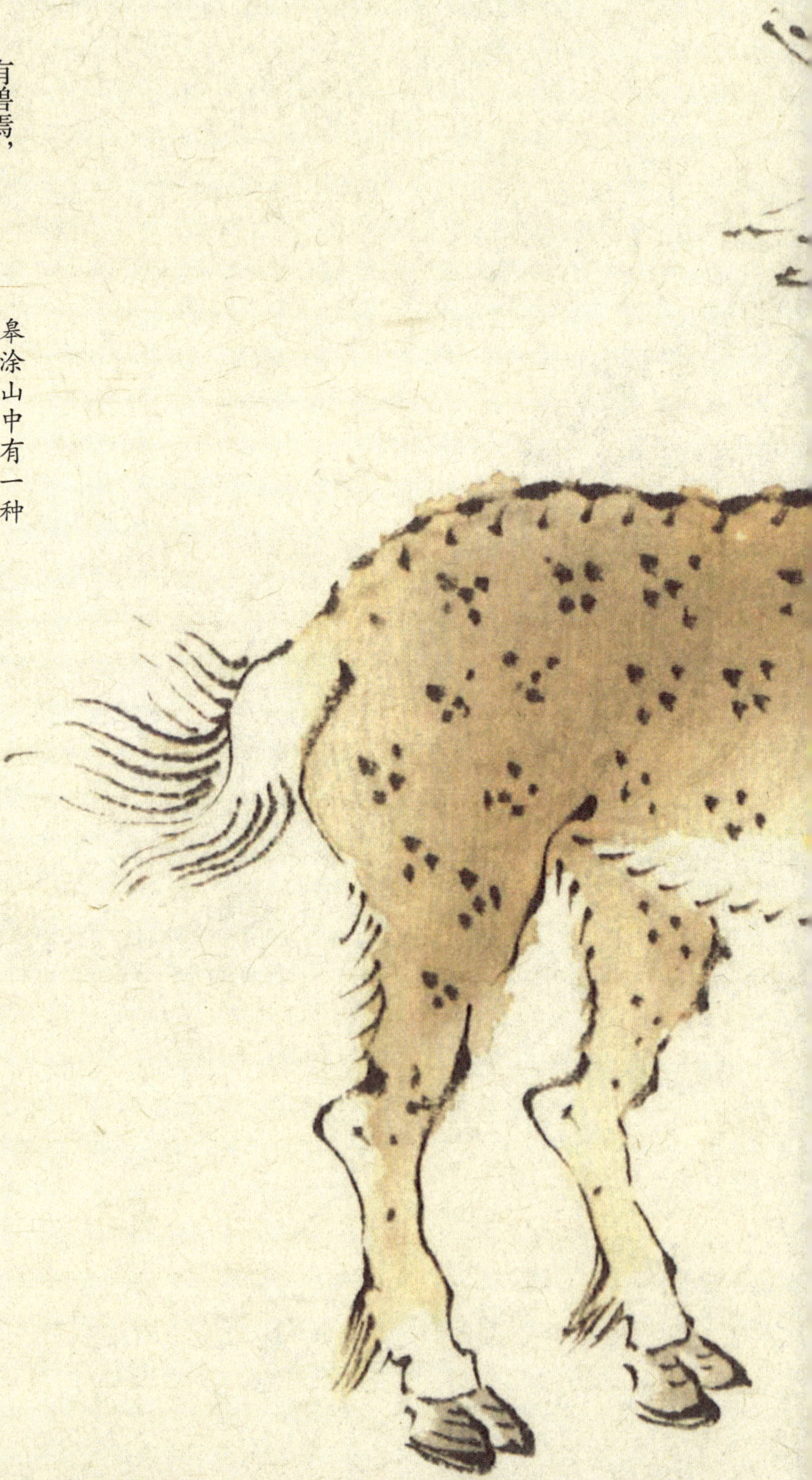

玃如

玃如，狀如麋而白尾，馬足人手四角，出皋塗山其鸟多鸓（lěi），其状如鹊，赤黑而两首四足，可以御火。

贰

山中的鸟多是鸓鸟，形状像喜鹊，全身红黑色，长着两个脑袋和四只脚，养着它可以防止火灾。

羚羊

麢羊、似羊而大、細角有圓繞蹙文、夜則懸角木上以防患、翠山多此獸

又西二百里，曰翠山。其上多棕、楠，其下多竹、箭，其阳多黄金、玉，其阴多牦牛、羚、麝（shè）；

壹 再往西两百里是翠山，山上有棕榈树和楠树，山下多生箭竹丛，山的南面盛产黄金、玉石，山的北面有很多牦牛、羚羊和麝；

有兽焉，其状如禺而文臂，豹尾而善投，名曰举父。

崇吾山中有一种兽名字叫举父，它像母猴而臂上有斑纹，有着豹子一般的尾巴，善于投掷。

举父

舉父，狀如禺，文臂，
善投，出崇吾山

有兽焉，其状如羊而四角，名曰土蝼，是食人。

昆仑山中有一种兽叫土蝼，形状像羊却有四只角，它是一种吃人的兽。

土蝼

有兽焉，其状如赤豹，五尾一角，其音如击石，其名如狰。

贰

山中有一种叫狰的兽，它像赤豹，有五条尾巴、一只角，它的叫声像敲打石头。

狰

狰，狀如赤豹，五尾壹角，音如擊石，出章莪山

又西二百八十里，曰章莪（é）之山。无草木，多瑶、碧，所为甚怪。

壹

再往西二百八十里是章莪山。不长草木，多产瑶、碧一类的美玉，常出现奇怪的景象。

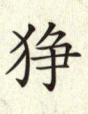

有兽焉，
其状如狸而白首，
名曰天狗，
其音如榴榴，
可以御凶。

贰

山中有一种兽叫天狗，它像野猫却长着白色的脑袋，它叫的时候会发出『榴榴』的声音，养着它可以防御凶邪。

天狗

天狗狀如貍而白首，出陰山

又西三百里，曰阴山。浊浴之水出焉，而南流注于蕃泽，其中多文贝。

壹

再往西三百里是阴山。浊浴水从这里发源，再向南流入蕃泽，水中多产花贝壳。

是山也，广员百里，其上有兽焉，其状如牛，白身四角，其豪如披蓑，其名曰獓（áo）㺐（yé），是食人。

贰

这座山方圆百里，山上有一种兽叫獓㺐，它像牛，有着雪白的身子和四只角，身上的豪毛像披着的蓑衣，会吃人。

獓狠

獓狠，狀如牛，白身四角，
其毫如披蓑，是食人，出三危山

又西二百二十里，曰三危之山。三青鸟居之。

壹

再往西二百二十里是三危山。三青鸟居住在这里。

西水行百里，至于翼望之山。无草木，多金、玉。

壹

往西水行一百里，就到了翼望山。山上草木不生，盛产金属矿石和玉石。

有兽焉，其状如狸，一目而三尾，名曰讙，其音如夺百声，是可以御凶，服之已瘅。

贰

山中有一种兽，形状像野猫，有一只眼睛和三条尾巴，名叫讙，叫声能压倒百种动物一齐叫的声音，用它可以防御凶邪，吃了它还可以治愈黄疸病。

讙

讙狀如貍，壹目三尾，出翼望山

又西二百里，至刚山之尾。洛水出焉，而北流注于河，其中多蛮蛮，其状鼠身而鳖首，其音如吠犬。

再往西二百里，就到了刚山的尾部。洛水发源于这里，向北流入河中。山中有一种野兽叫蛮蛮，它长着老鼠的身子却有着甲鱼的脑袋，声音像狗叫。

蛮蛮

蠻蠻、鼠身鼈首、音如吠犬、出剛山

有兽焉，其状如马而白身黑尾，一角，虎牙爪，音如鼓音，其名曰驳，是食虎豹，可以御兵。

贰

山中有一种兽叫驳，它像马却长着白色的身子和黑色的尾巴，只有一只角，还长着老虎的牙和爪子，它的叫声像击鼓发出的声音，它吃老虎和豹子，驯养它可以防御刀兵。

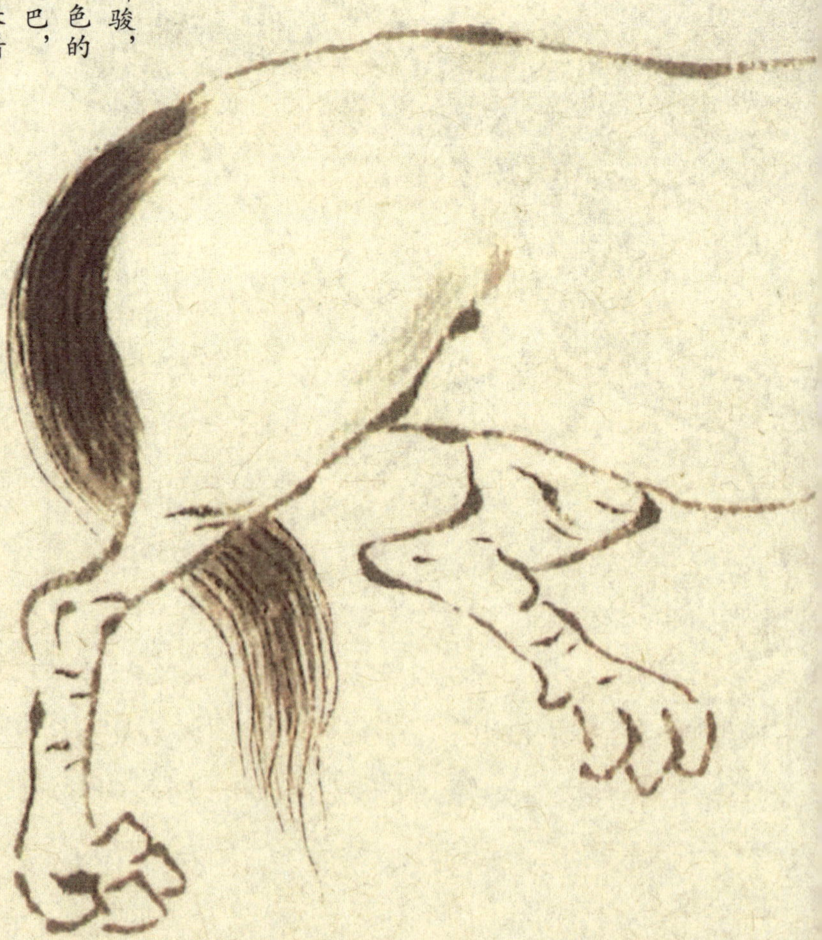

骏

駮，狀如馬而白身黑尾，壹角，虎牙爪，音如鼓音，是食虎豹，出中曲山

又西三百里，曰中曲之山。其阳多玉，其阴多雄黄、白玉及金。

壹

再往西三百里是中曲山。山的南面盛产玉石，山的北面多产雄黄、白玉和金属矿物。

又西二百二十里，曰鸟鼠同穴之山。其上多白虎、白玉，渭水出焉，而东流注于河。

再往西二百二十里，叫鸟鼠同穴山。山上有白虎和白玉。渭水发源于这座山，向东流入河中。

鸟鼠同穴

鳥鼠同穴、
鳥名鵌鼠名鼵、
共處壹穴、
在今渭原縣

有兽焉，其状如马，一角有错，其名曰臛（huān）疏，可以辟火。

贰

有一种兽叫臛疏，它像马，头顶有一只角，角很粗糙，就像磨刀石一样，养它可以用来防御火灾。

䑏疏

又北三百里，曰带山。其上多玉，其下多青碧。

（壹）再往北三百里是带山。山上盛产玉石，山下多产青碧。

䑏疏，狀如馬，壹角有錯，出帶山

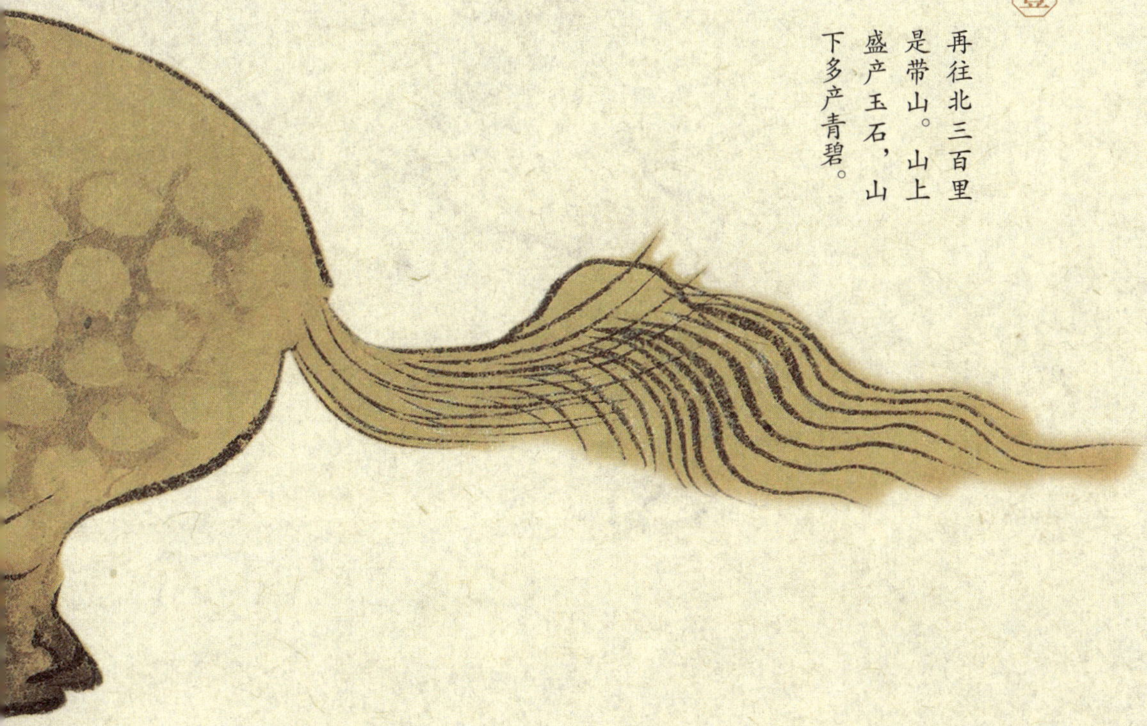

有兽焉，其状如豹而长尾，人首而牛耳，一目，名曰诸犍，善吒，行则衔其尾，居则蟠其尾。

贰

有一种兽叫做诸犍，像豹子却有长长的尾巴，有着人的脑袋，牛的耳朵，一只眼睛。它喜欢吼叫，行走的时候衔着尾巴，睡觉的时候就盘着尾巴。

诸犍

諸犍狀如豹而長尾人身牛耳一目

行則銜其尾居則蟠其尾出單張山

又北百八十里，曰单张之山。其上无草木。

壹

再往北一百八十里是单张山。山上不生草木。

有兽焉，其状如犬而人面，善投，见人则笑，其名山浑（jùn），其行如风，见则天下大风。

狱法山中有一种兽叫山浑，外形像狗，却长着和人一样的脸，善于投掷，看见人就笑，奔跑起来像风一样快，它一出现天下就会刮起大风。

山㺀

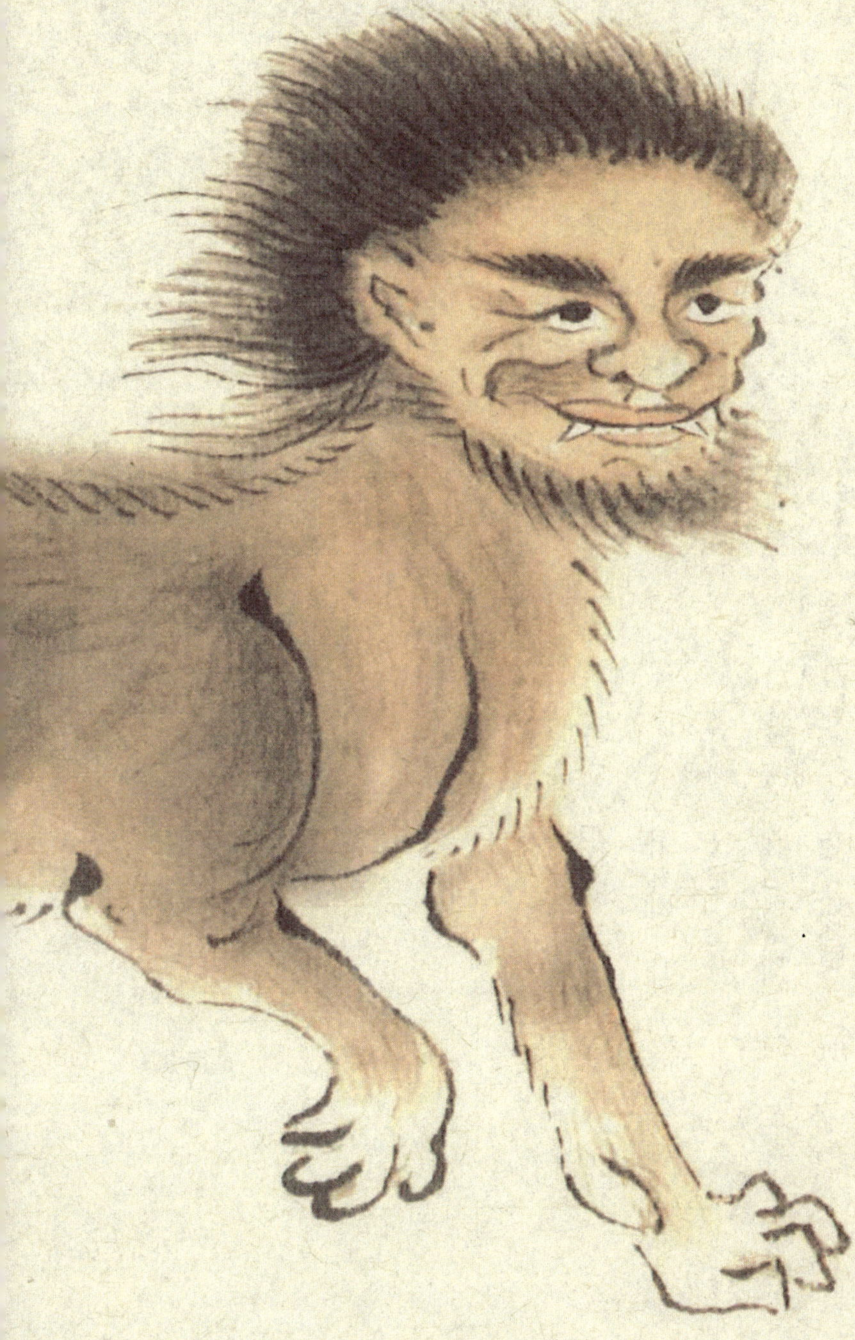

山㺀狀如犬而人面，善投，見人則笑。其行如風，見則大風。出獄法山

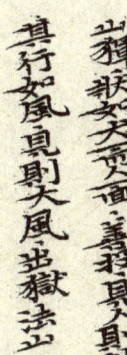

有兽焉，其状如牛而四角、人目、彘耳，其名曰诸怀，其音如鸣雁，是食人。

贰

山中有一种兽叫做诸怀，外形像牛，有四只角，人的眼睛，猪的耳朵，它鸣叫的声音像大雁，会吃人。

诸怀

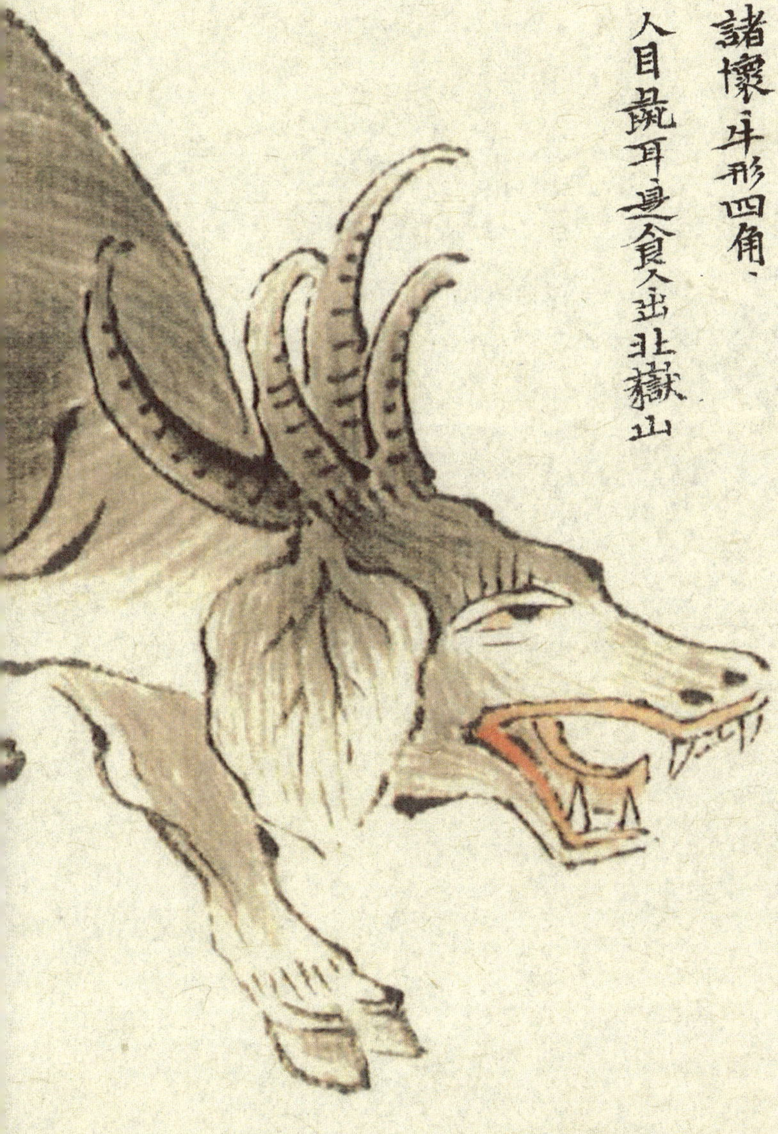

又北二百里，曰北岳之山。多枳、棘、刚木。

壹

再往北二百里是北岳山。山上多产枳（zhǐ）、刺木和一些硬木。

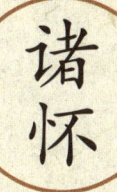

又北三百五十里，曰敦头之山。其上多金、玉，无草木，旄水出焉，而东流注于印泽。

壹

再往北三百五十里是敦头山。山上多金属矿石和玉石，不长草木。旄水从这里发源，向东流入印泽。

其中多𩣡马，牛尾而白身，一角，其音如呼。

贰

山中多产𩣡马，长着牛的尾巴，白色的身体，头顶有一只角，它的声音像人呼叫的声音。

䮝马

䮝馬，牛尾而白身，壹角，出旄水中

有兽焉，其状如羊身人面，其目在腋下，虎齿人爪，其音如婴儿，名曰狍鸮（xiāo），是食人。

贰

山中有一种兽叫狍鸮，长着羊的身子和人的脸，眼睛在腋窝下面，还长着老虎的牙齿，人的指甲，它的声音像婴儿啼哭，会吃人。

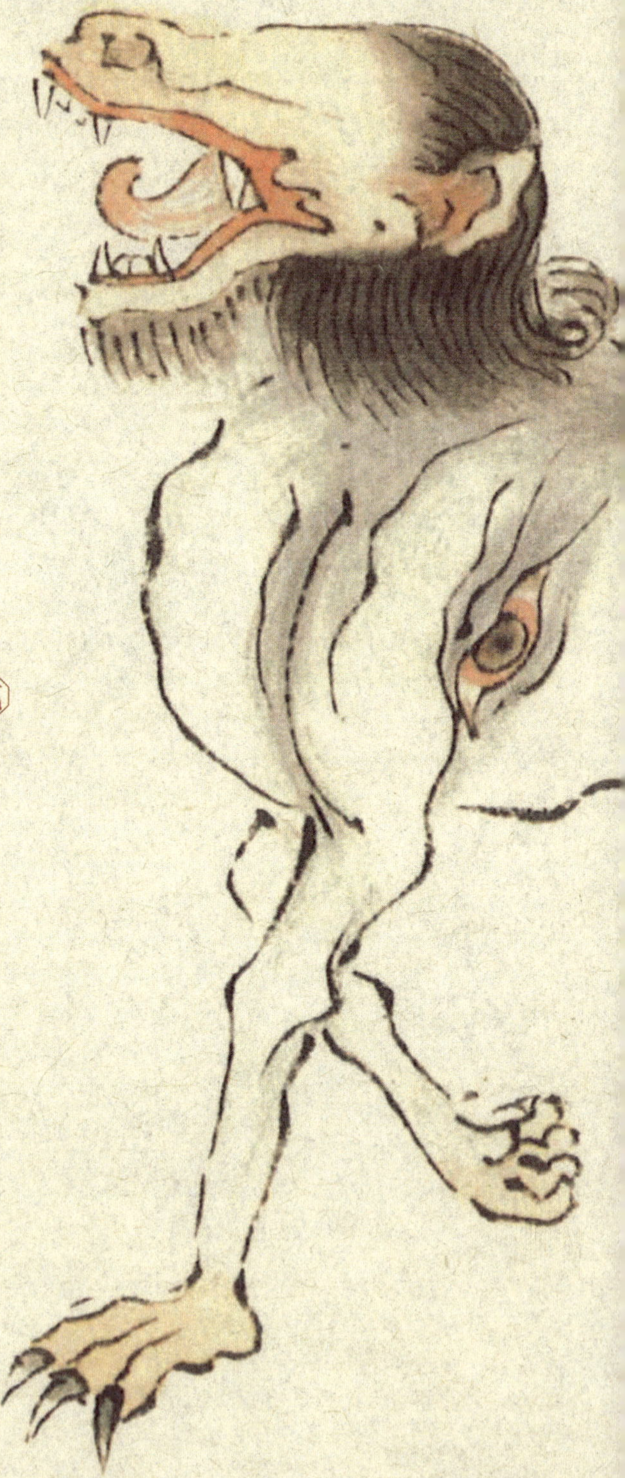

狍鸮

麅鴞、羊身人面，目在腋下，虎齒人爪，是食人。出鉤吾山

又北三百五十里，曰钩吾之山，其上多玉，其下多铜。

壹 又北三百五十里是钩吾山，山上多产玉石，山下多产铜。

有兽焉，其状如羚羊而四角，马尾而有距，其名曰䮝（hún），善还，其名自训（jiào）。

贰

山中有一种兽叫䮝，像羚羊却长着四只角，生着马的尾巴，脚像鸡爪，善于旋转跳舞，它的叫声就是自己喊自己的名字。

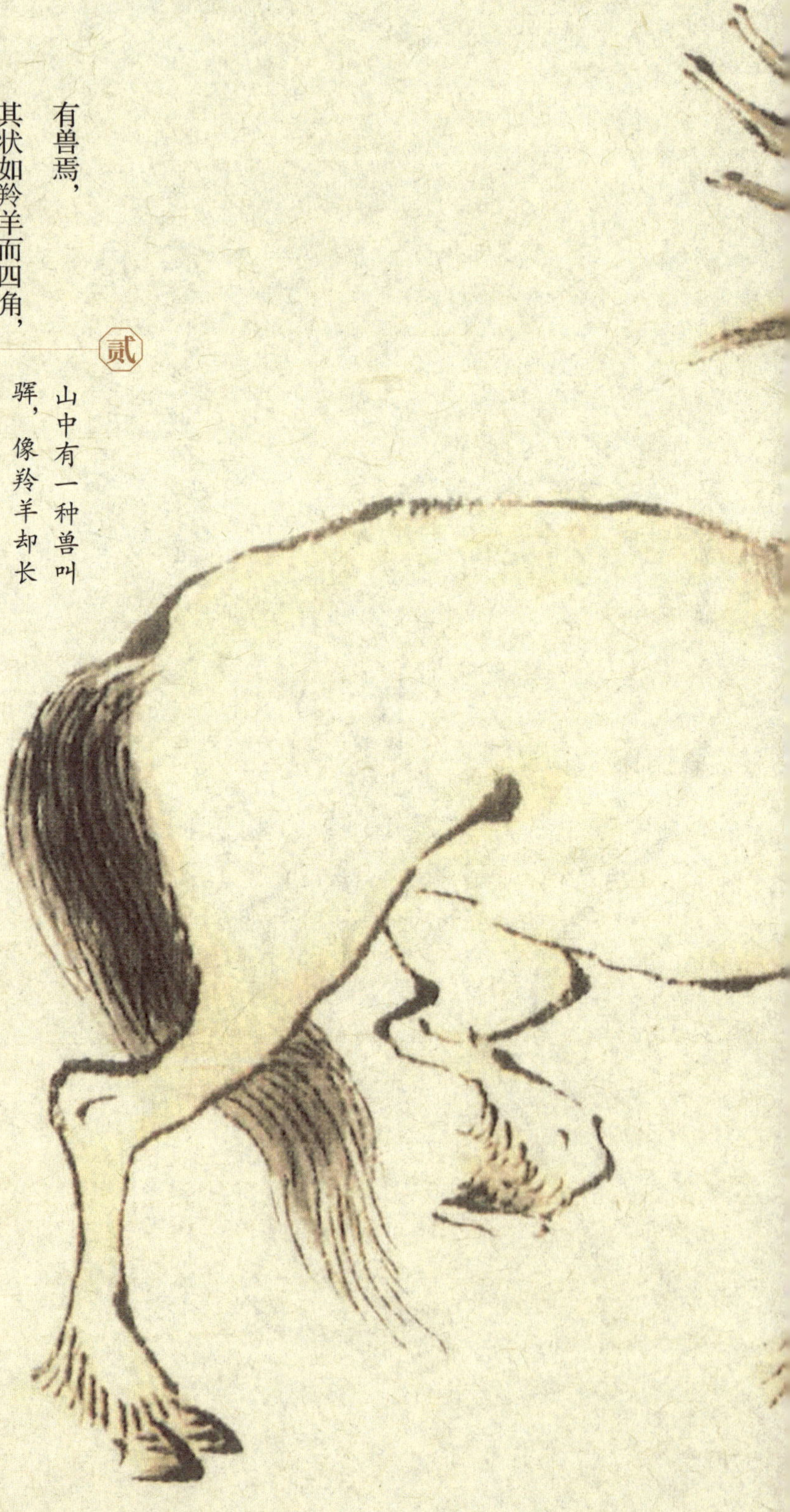

驒

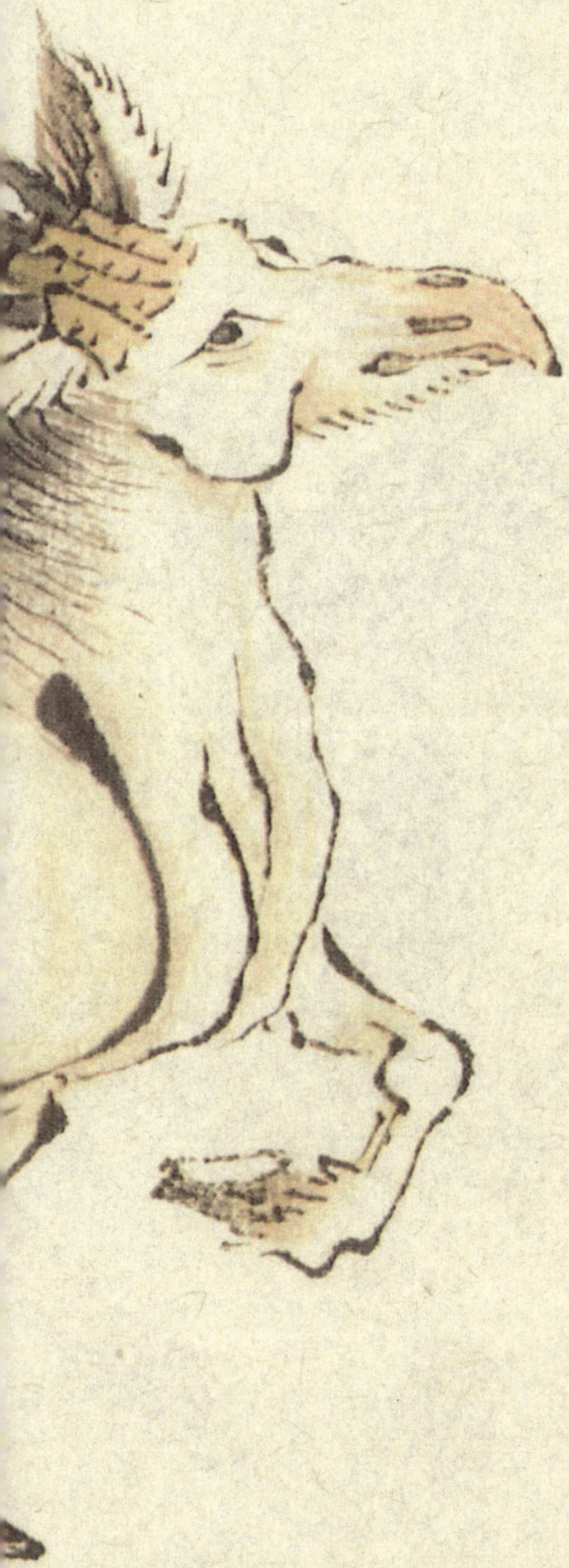

騨狀如麢羊四角馬尾而有距出太行山

北次三经之首，曰太行之山。其首曰归山，其上有金、玉，其下有碧。

壹

北方第三列山系的首座山叫做太行山。太行山的第一座山叫归山，山上产金属矿物和玉石，山下产碧玉。

有兽焉，其状如白犬而黑头，见人则飞，其名曰天马，其名自训（jiào）。

贰

那里有一种兽叫天马，像白狗，却长着黑色的脑袋，一见到人就飞走了，它的叫声就是自己喊自己的名字。

天马

天馬獸如白犬而黑頭，有肉翅，能飛，出馬成山

又东北二百里，曰马成之山。其上多文石，其阴多金、玉。

壹

再往东北二百里是马成山。山上盛产带花纹的石头，山的北面多产金属矿石和玉石。

有兽焉，其状如兔而鼠首，以其背飞，其名曰飞鼠。

贰

那里有一种兽叫飞鼠，像兔子却长着老鼠的脑袋，可以靠它背上的毛来飞翔。

飞鼠

飛鼠狀如兔而鼠首，以其背飛出天池山

又东北二百里，曰天池之山。其上无草木，多文石。

壹

再往东北二百里就是天池山。山上不生长草木，盛产带有花纹的石头。

有兽焉，其状如羊，一角一目，目在耳后，其名曰辣（dòng）辣，其鸣自训。

贰

山中有一种兽叫辣辣，像羊，一只角，一只眼睛，眼睛长在耳朵后面，它的叫声就是自己喊自己的名字。

𫂅𫂅

𫂅𫂅，狀如羊，壹角壹目，目在耳後，出泰戲山

又北三百里，曰泰戏之山。无草木，多金、玉。

壹

再往北三百里，叫做泰戏山。山上不生草木，多产金属矿物和玉石。

有兽焉，其状如牛而三足，其名曰獂（huán），其鸣自讠（jiào）。

贰

山中有一种兽叫獂，像牛却只有三只脚，它的叫声就是自己喊自己的名字。

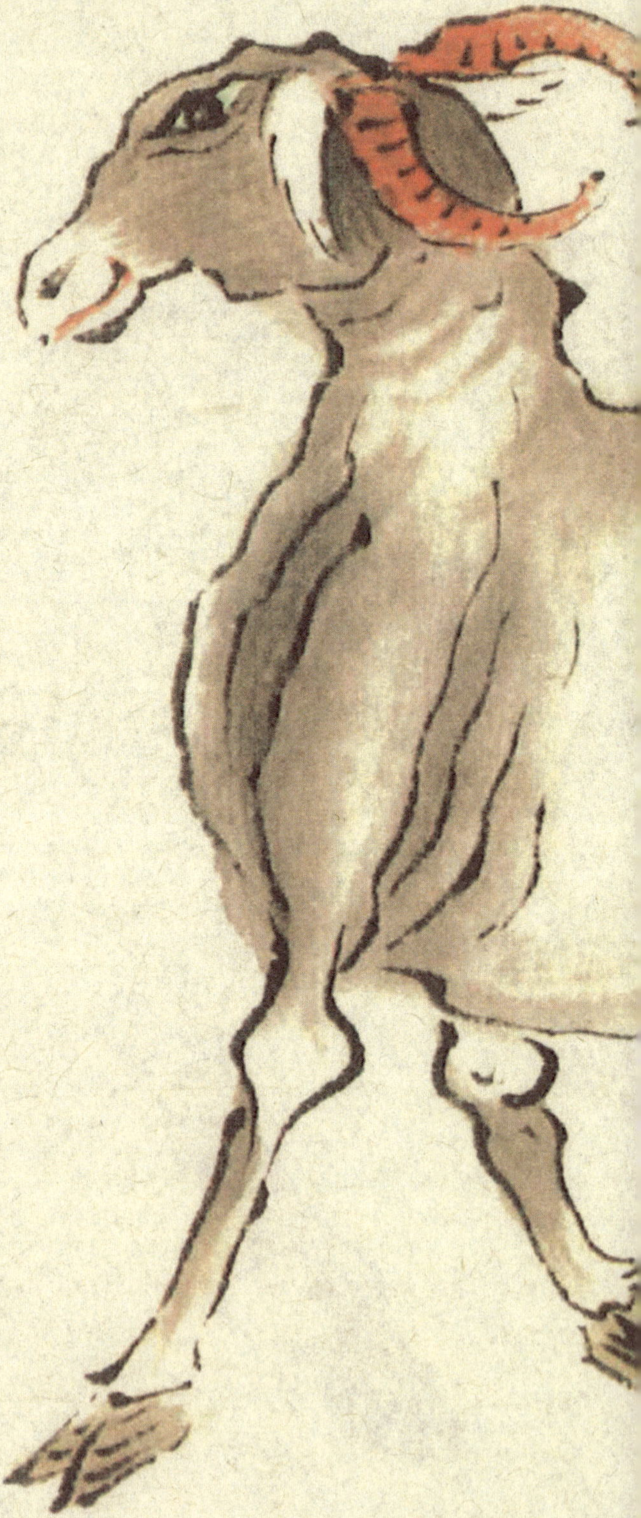

獂

又北四百里，曰乾山。无草木，其阳有金、玉，其阴有铁而无水。

壹

再往北四百里，叫做乾山。山上不生草木，山的南面产有金属矿物和玉石，山的北面盛产铁矿却没有水。

有兽焉，其状如麋，其川在尾上，其名曰罴（pí）。

贰

山中有一种兽叫罴，它像麋，肛门长在尾巴上面。这种动物叫罴。

罴

羆，狀如麋，其川在尾上，出倫山

又北五百里，曰伦山。伦水出焉，而东流注于河。

壹

再往北五百里是伦山。伦水从这里发源，向东流入黄河中。

有兽焉，其状如犬，六足，其名曰从从，其鸣自詨。

贰

山中有一种兽叫从从，像狗，有六条腿，它的叫声就是自己喊自己的名字。

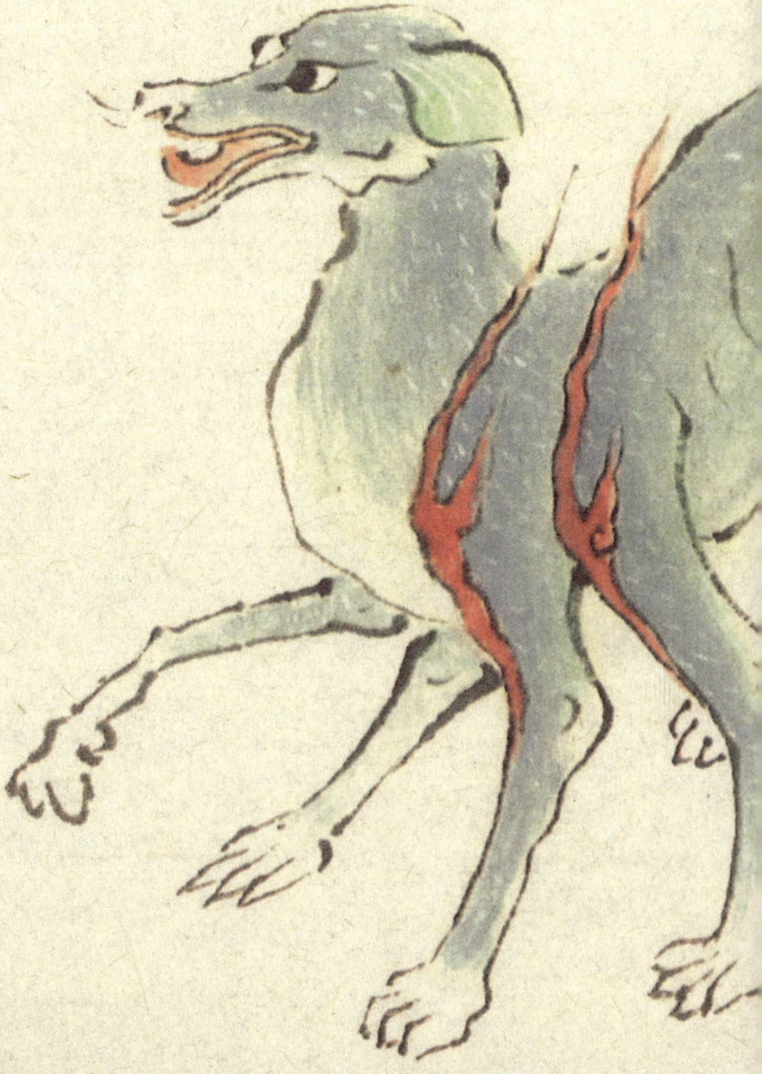

从从

又南三百里，曰栒状之山。其上多金、玉，其下多青碧石。

壹

再往南三百里就是栒状山。山上多产金属矿石和玉石，山下多产青绿色的石头。

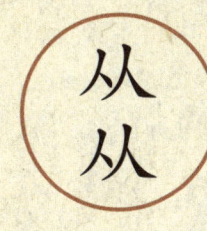

有兽焉，
其状如狐而鱼翼，
其名曰朱獳，
其鸣自訆，
见则其国有恐。

贰

山中有一种兽叫做朱獳，像狐狸却长着鱼的鳍，它的叫声就是自己喊自己的名字，有它出现的国家就会发生恐慌。

朱獳

朱獳狀如狐而魚翼，見則其國有恐，出耿山

又南三百里，曰耿山。无草木，多水碧，多大蛇。

再往南三百里就是耿山。山上不长草木，多产碧色水晶和大蛇。

有兽焉，其状如狐而有翼，其音如鸿雁，其名曰獙（bì）獙，见则天下大旱。

贰

有一种兽叫獙獙，像狐狸却长着翅膀，鸣叫的声音像鸿雁，它一出现天下就会发生很大的旱灾。

獙獙

又南三百里，曰姑逢之山。无草木，多金、玉。

壹 再往南三百里就是姑逢山。山上不长草木，多产金属矿物和玉石。

有兽焉，其状如狐而九尾九首虎爪，名曰蠪（lóng）姪（zhí），其音如婴儿，是食人。

贰

有一种兽叫做蠪姪，像狐狸却长着九条尾巴、九个脑袋和老虎的爪子，它鸣叫的声音就像婴儿在啼哭，是个吃人的兽。

𧈢姪

蠪姪。狀如狐而九尾九首虎爪。出鳬麗山

又南五百里，曰凫（fú）丽之山。其上多金、玉，其下多箴石。

壹

再往南五百里就是凫丽山。山上多产金属矿物和玉石，山下多箴石。

有兽焉，其状如马，而羊目、四角、牛尾，其音如獆（háo）狗，其名曰峳（yōu）峳，见则其国多狡客。

贰

山中有一种兽叫峳峳，像马却长着羊的眼睛，有四只角和牛的尾巴，鸣叫的声音就像狗叫，它一出现，国家就会有很多狡猾作乱之徒。

峳峳

峳峳狀如馬而羊目，四角，見則國多狡客，出䃎山

又南五百里，曰䃎（zhēn）山，南临䃎水，东望湖泽。

壹

再往南五百里就是䃎山，山的南边临近䃎水，东边可以看见湖泽。

有兽焉，
其状如牛而白首，
一目而蛇尾，
其名曰蜚，
行水则竭，
行草则死，
见则天下大疫。

贰

山中有一种兽叫蜚，像牛却长着白色的头，一只眼睛，蛇的尾巴，它走过的地方，水流会干涸，草地也会枯萎，它一出现天下就会发生大瘟疫。

蜚

又东二百里，曰太山，上多金、玉、桢木。（壹）

（壹）再往东二百里就是太山，山上多产金属矿物、玉石和桢树。

伊水出焉，
而东流注于洛。
有兽焉，其名曰马腹，
其状如人面虎身，
其音如婴儿，是食人。

贰

伊水从这里发源，向东流入洛水。山中有一种兽叫马腹，长着人的脸和老虎的身子，声音像婴儿在啼哭，是吃人的兽类。

马腹

又西二百里，曰蔓渠之山。其上多金、玉，其下多竹、箭。

壹

再往西二百里就是蔓渠山。山上多产金属矿物和玉石，山下多产箭竹。

有兽焉，名曰獭（jié），其状如獳犬而有鳞，其毛如彘鬣（liè）。

厘山上有一种兽，名字叫做獭，像獳犬，但身上长有鳞甲，鳞甲之间的毛像猪鬃一样。

獱

獱狀如獳犬而有鱗其毛如彘鬣出滽滽之水

并封在巫咸东。其状如彘，前后皆有首，黑。

并封活动在巫咸国的东边。形状像猪，首尾都有脑袋，通体漆黑。

并封

并封狀如彘，前後皆有首，黑色。
出巫鹹國之東

白民之国在龙鱼北。白身披发。有乘黄，其状如狐，其背上有角，乘之寿二千岁。

白民国在龙鱼的北边。这个国家的人全身雪白，披着头发。这里有一种叫乘黄的兽，像狐狸，背上长着两只角，骑上它可以活到两千岁。

乘黄

乘黄，狀如狐，其背上有角，乘之壽二千歲。出白民國

林氏国有珍兽，大若虎，五采毕具，尾长于身，名曰驺（zōu）虞，乘之日行千里。

林氏国有一种珍稀的兽，体型大得像老虎，身上的花纹有五种色彩，尾巴比身子还长，名叫驺虞，骑着它当坐骑，一天可以走一千里。

驺虞

騶虞，狀如虎而五彩畢具，尾長於身，乘之日行千里，出林氏國

黄帝得之，以其皮为鼓，橛以雷兽之骨，声闻五百里，以威天下。

贰

黄帝得到了它，把它的皮蒙成了鼓，把它的骨头做成了鼓槌，击鼓的声音可以传达五百里，黄帝用它来威令天下。

夔

夔。狀如牛。蒼身而無角。
壹足。出入必有風雨。出流波山

东海中有流波山，
入海七千里，
其上有兽，
状如牛，
苍身而无角，一足，
出入水则必风雨，
其光如日月，
其声如雷，
其名曰夔（kuí）。

壹

东海里有一座流波山，距离海岸七千里，山上有一种兽叫做夔，像牛，但苍青的身子上不长角，只有一条腿，进出海里一定会伴随着大风大雨，它身上散发出的光芒像太阳和月亮一样耀眼，它叫喊的声音像打雷。

旄（máo）马，其状如马，四节有毛。在巴蛇西北，高山南。

旄马，像马，四条腿的关节上都有长毛，它生活在巴蛇的西北边，高山的南边。

旄马

旄馬狀如馬而足有四節，垂毛，出南海外

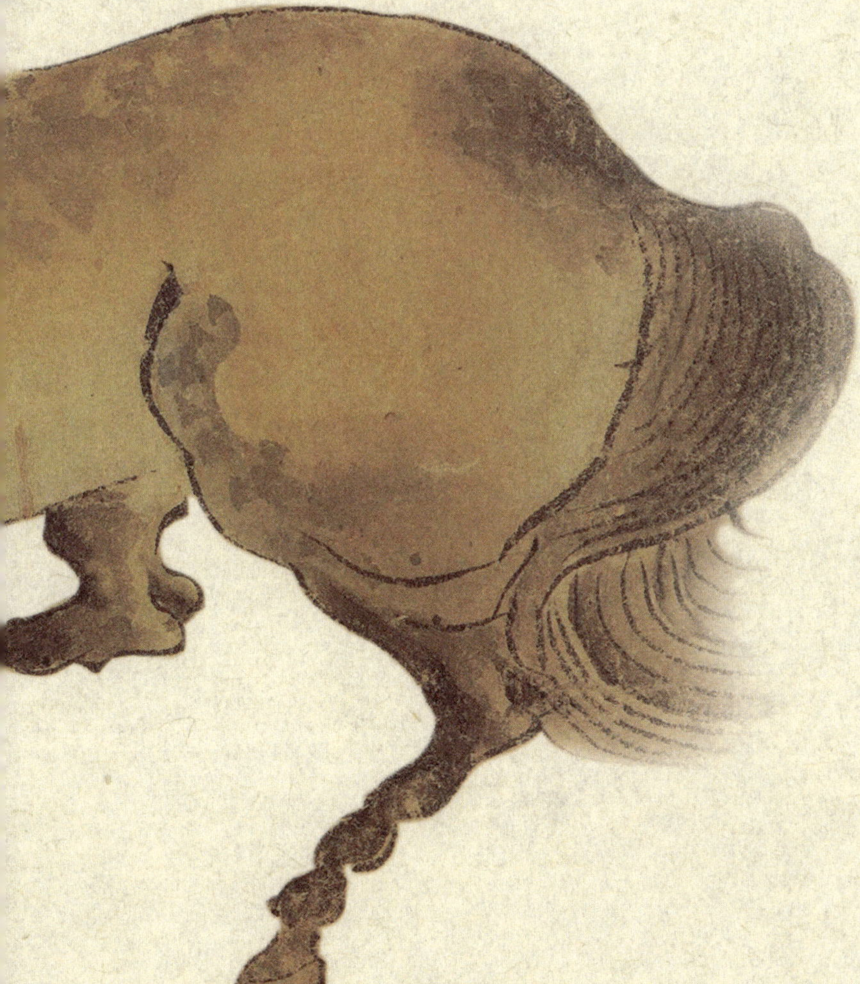

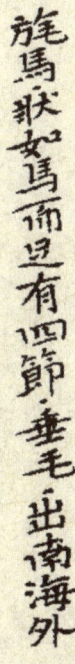

南海之外，赤水之西，流沙之东，有兽，左右有首，名曰跊（chù）踢。

在南海之外，赤水的西边，流沙河的东边，有一种兽叫跊踢，它左右都有脑袋。

跊踢

跊踢。獸形。左右有首。出流沙河

有三青兽相并，名曰双双。

有三只青色的兽合并在一起，名字叫做双双。

双双

雙雙，三青獸合體為一，亦出流沙之東

第肆卷

羽禽

有鸟焉，其状如鸡而三首六目，六足三翼，其名曰鹌(chǎng)鸺(fū)，食之无卧。

贰

山上有一种鸟，样子像鸡却有三个脑袋六只眼睛、六条腿、三只翅膀，它的名字叫做鹌鸺，吃了它使人精神振奋，没有睡眠。

䳜𫛳

又东三百里，曰基山。其阳多玉，其阴多怪木。

壹 再向东三百里是基山，山的南面盛产玉石，北面生长着许多奇怪的树木。

有鸟焉，
其状如鸱而人手，
其音如痺，
其名曰鴸（zhū），
其名自号也，
见则其县多放士。

柜山上有一种鸟叫做鴸，它像鹞鹰，爪子却像人的手，它的声音像雌鹌鹑一样，它的名字就是它自己的鸣叫声，只要见到它，它所在的县就会有很多士人被流放。

鴸

鴸狀如鴟而人面人手、見則其縣多放士、出櫃山

有鸟焉，其状如鸡而白首、三足、人面，其名曰瞿如，其鸣自号也。

贰

山上面有一种鸟叫瞿如，像鸡，却长着白色的脑袋、三只脚和人的脸，它的名字就是它的鸣叫声。

瞿如*

瞿如狀如鵁而白首三足出禱過山

东五百里，曰祷过之山。其上多金、玉，其下多犀、兕，多象。

壹

往东五百里就是祷过山。山上盛产金属矿物和玉石，山下有很多犀牛、兕（sì）和大象。

* 此图画法参考了晋代郭璞《山海经图赞·瞿如鸟》里记载："瞿如三手，厥状似鵁。"故与原文略有不同。

有鸟焉，
其状如枭，
人面四目而有耳，
其名曰颙（yóng），
其鸣自号也。
见则天下大旱。

贰

山中有一种鸟，形状像枭，长着人的脸和耳朵，但有四只眼睛，它的名字叫颙，它的鸣叫声就是它的名字。它一出现天下就会发生大旱灾。

颙

又东四百里曰令丘之山。无草木，多火。其南有谷焉，曰中谷，条风自是出。

壹

再往东四百里就是令丘山。因为多生野火，所以山上不生草木。山的南边有一个山谷，叫做中谷，东北风就是从这里吹出来的。

有鸟焉，其状如枭，人面而一足，曰橐（tuó）𩇯（féi），冬见夏蛰，服之不畏雷。

羭次山中有一种鸟，它像枭，却长着人的脸，只有一条腿，名字叫橐𩇯。它冬天出来活动，到了夏天就蛰伏不动，穿戴用它的羽毛做成的衣服，可以不怕雷电。

橐𩇯

橐𩇯、狀如鳥、人面壹足、
冬見夏蟄、出羭次山

又西二百里，曰翠山。其上多棕、楠，其下多竹、箭，其阳多黄金、玉，其阴多牦牛、羚、麝；

壹

再往西两百里是翠山。山上有棕榈树和楠树，山下多生箭竹，山的南面盛产黄金、玉石，山的北面有很多牦牛、羚羊和麝；

其鸟多鸓（lěi），其状如鹊，赤黑而两首四足，可以御火。

贰

山中的鸟多是鸓鸟，形状像喜鹊，全身红黑色，长着两个脑袋和四只脚，养着它可以防止火灾。

鸓

鸓。狀如鵲。
赤黑。兩首四足。
出則可以禦火。
出翠山

有鸟焉，其状如雄鸡而人面，名曰凫徯，其鸣自叫也，见则有兵。

贰

有一种叫做凫徯的鸟，像雄鸡却长着人的脸，它的名字就是自己的叫声，它一出现就会发生战争。

凫徯

鳧徯·狀如雄雞而人面見則有兵出鹿臺山

又西二百里，曰鹿台之山。其上多白玉，其下多银，其兽多㸲牛、羬羊、白豪。

壹

再往西二百里就是鹿台山。山上盛产白玉，山下盛产银矿，山中兽类大多是㸲牛、羬羊和白豪猪。

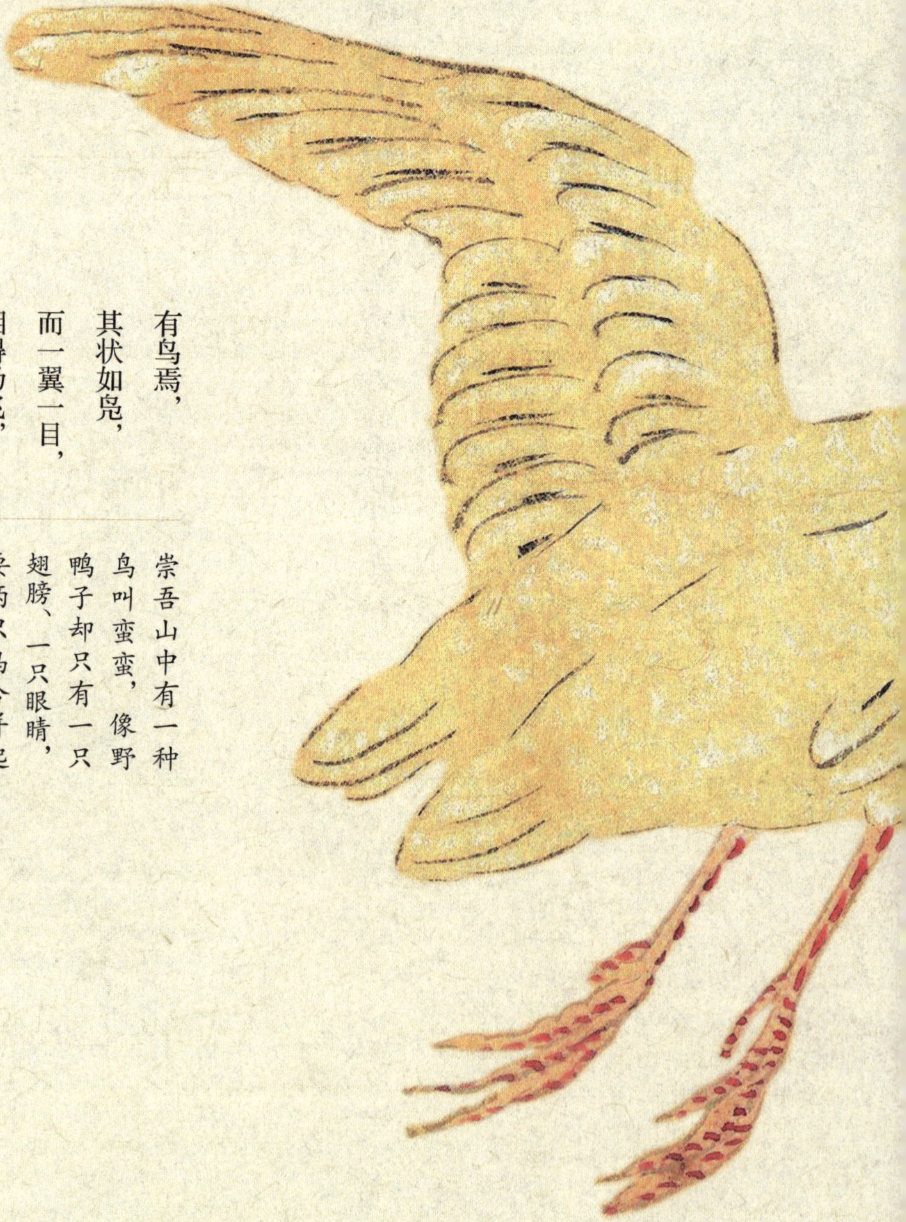

有鸟焉，其状如凫，而一翼一目，相得乃飞，名曰蛮蛮，见则天下大水。

崇吾山中有一种鸟叫蛮蛮，像野鸭子却只有一只翅膀、一只眼睛，要两只鸟合并起来才可以飞翔，只要它一出现天下就会发生水灾。

蛮蛮

蠻蠻、狀如鳧而壹翼壹目、
相得乃飛見則大水出崇吾山

有鸟焉，其状如鹤，一足，赤文青质而白喙，名曰毕方。其鸣自叫也，见则其邑有譌火。

章莪山中有一种叫做毕方的鸟，像鹤，有一只脚，青色的鸟身，红色的花纹，白色的鸟喙，它鸣叫的声音就是它的名字，它出现的地方就会有奇怪的火灾。

毕方

畢方狀如鶴、壹足赤文青質白喙、
見則有譌火、出章莪山

有鸟焉，一首而三身，其状如𫛞（luò），其名曰鸱。

贰

山中有一种鸟，一个脑袋，三个身子，外形像𫛞鸟，它的名字叫做鸱。

鸱

鴟一首三身其狀如鸈出三危山

又西二百二十里，曰三危之山。三青鸟居之。是山也，广员百里。

壹

再往西二百二十里是三危山。三青鸟居住在这里，这座山方圆百里。

有鸟焉，其状如乌，三首六尾而善笑，名曰鵸（yī）鵌（yú），服之使人不厌，又可以御凶。

贰

山中有一种鸟叫鵸鵌，像乌鸦，但有三个脑袋、六条尾巴，爱笑，吃了它可以使人不做恶梦，还可以防御凶邪。

鵸鵌

鵸鵌，狀如烏，三首六尾，善笑，出翼望山

西水行百里，至于翼望之山。无草木，多金、玉。

壹 往西水行一百里，就到了翼望山。山上草木不生，盛产金属矿石和玉石。

其状如鸮而人面，蜼（wèi）身犬尾，其名自号也，见则其邑大旱。

崦嵫山中有一种鸟，长得像鸮鸟，却有着人的脸，猕猴的身子，狗的尾巴，它的鸣叫声就是它自己的名字，它出现的地方，一定会有旱灾。

人面鸮

人面鴞、其狀如鴞、人面雌身犬尾、
見則大旱、出崦嵫山

伊水出焉，西流注于河。其兽多橐驼，其鸟多寓，状如鼠而鸟翼，其音如羊，可以御兵。

贰

伊水从这里发源，向西流入河中。虢山最多的兽是骆驼，最多的鸟是寓鸟，寓鸟像老鼠却长着鸟的翅膀，声音像羊，可以用它来防御兵祸。

寓鸟

寓鳥狀如鼠而鳥翼

其音如羊可以禦兵出虢山

又北三百八十里，曰虢山。其上多漆，其下多桐、椐，其阳多玉，其阴多铁。

壹

再往北三百八十里就是虢山。山上多产漆树，山下多产梧桐树和椐树。山的南面多产玉石，山的北面盛产铁矿。

有鸟焉，其状如雌雉而人面，见人则跃，名曰竦斯，其鸣自呼也

灌题山中有一种鸟叫竦斯，像雌野鸡却长着人的脸，一见到人就跳跃起来，它鸣叫的声音就是它自己的名字。

竦斯

竦斯、狀如雌雉而人面見人則躍、出灌題山

有鸟焉，其状如乌，人面，名曰鴸（bān）鶜（mào），宵飞而昼伏，食之已暍。涔水出焉，而东流注于卬泽。

叁

山上还有一种鸟叫鴸鶜，像乌鸦却长着人的脸，它晚上飞翔白天则蛰伏不动，吃了它可以解暑热。涔水发源于北嚣山，向东流入了卬泽。

䳇鹛

又北三百里，曰北嚣之山，无石，其阳多碧，其阴多玉。

壹 再往北三百里就是北嚣山，山上没有石头，南面盛产碧石，北面盛产玉石。

有兽焉，其状如虎，而白身犬首，马尾彘鬣，名曰独狢。

贰 山中有一种叫独狢的兽，外形像老虎，但是是狗的头，白色的身子，马的尾巴，猪的鬃毛。

有鸟焉，其状如夸父，四翼、一目、犬尾，名曰嚻，其音如鹊，食之已腹痛，可以止衕（dònɡ）。

贰

山中有一种鸟叫嚻，外形像夸父，长着四只翅膀、一只眼睛和狗的尾巴，它鸣叫的声音像喜鹊，吃了它可以治疗腹痛，可以止痛。

嚣鸟

囂鳥，狀如夸父，四翼，壹目犬尾，出梁渠山

又北三百五十里，曰梁渠之山。无草木，多金玉，脩水出焉，而东流注于雁门。其兽多居暨，其状如汇而赤毛，其音如豚。

壹

再往北三百五十里就是梁渠山。山上草木不生，多产金属矿物和玉石，脩水从这里发源，向东流入雁门水。山中最多的兽就是居暨，外形像鼠类但浑身是红毛，声音如同小猪的叫声。

有鸟焉，其状如鹊，白身、赤尾、六足，其名曰䴅（bēn），是善惊，其鸣自𫍲。

贰

山中有一种鸟，形状像喜鹊，白色的身子，红色的尾巴，六只脚，它的名字叫做䴅，非常机警，容易被惊动，它鸣叫的声音也是自己的名字。

䳘

䳘状如鹊，白身赤尾，六足，出太行山

北次三经之首，曰太行之山。其首曰归山。其上有金、玉，其下有碧。

壹

北方第三列山系的首座山叫做太行山。太行山的第一座山叫归山。山上产金属矿物和玉石，山下产碧玉。

其上多草、藷藇。其草多秦椒，其阴多赭，其阳多玉。

贰

山上有很多草和山药，草多是秦椒。山的北边都是红土，南边盛产玉石。

有鸟焉，其状如蛇而四翼、六目、三足，名曰酸与，其鸣自詨，见则其邑有恐。

叁

山中有一种鸟，像蛇却长着四只翅膀，六只眼睛，三只脚，名字叫酸与，它鸣叫的声音是自己喊自己的名字，只要它一出现，它所在的城邑就会发生恐慌。

酸与

酸與狀如蛇而四翼六足三目見則其邑有恐出景山

又南三百里，曰景山。南望盐贩之泽，北望少泽。

壹

再往南三百里就是景山。向南可以望见盐贩泽，向北可以望见少泽。

有鸟焉，其状如鸡而鼠毛，其名曰蚩（cí）鼠，见则其邑大旱。

贰

山上有一种鸟，像鸡，但身上都是老鼠一样的毛，它的名字叫蚩鼠，它一出现，当地就会发生大旱灾。

蚩鼠

蚩鼠 狀如雞而鼠毛 見則大旱 出栒狀山

又南三百里，曰栒状之山。其上多金、玉，其下多青碧石。

壹 再往南三百里就是栒状山。山上多产金属矿石和玉石，山下多产青绿色的石头。

其阴有谷，曰机谷。多䳅（dì）鸟，其状如枭而三目，有耳，其音如录，食之已垫。

贰

山的北面有一个山谷，叫做机谷。机谷里有一种鸟叫䳅鸟，像枭鸟却长有三只眼睛，有耳朵，它的叫声像鹿鸣，吃了它可以防治寒湿等病症。

䲃鸟

䲃鳥狀如梟而三目有耳其音出之機谷

东三百里，曰首山。其阴多榖、柞（zuò），其草多茱（zhú）、芫（yuán），其阳多㻬（tú）琈（fú）之玉，木多槐。

壹

往东三百里，叫做首山。山的北面多是构树和柞树，还有苍术、白术和芫华等药草，山的南面多产㻬琈玉，树木多是槐树。

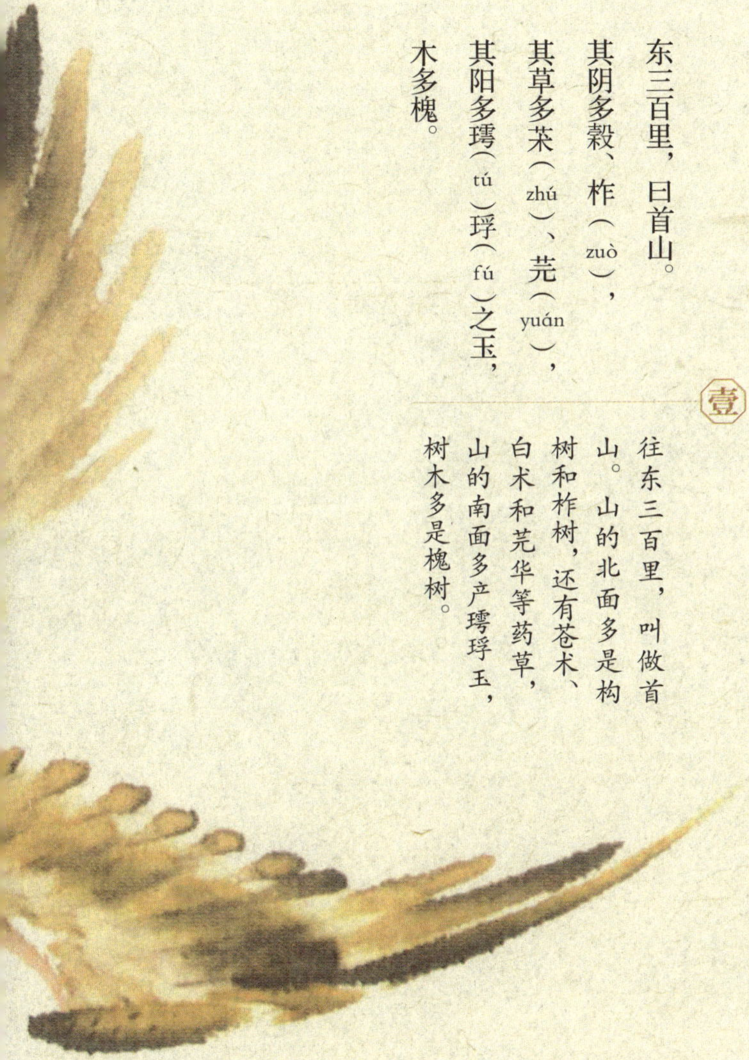

有鸟焉，其状如鸮，而一足彘尾，其名曰跂（qí）踵（zhǒng），见则其国大疫。

贰

山中有一种鸟，像鸮却只有一只脚和猪尾巴，名字叫做跂踵，有它出现的地方就会发生大瘟疫。

跂踵

跂踵狀如鴞壹足彘尾見則大疫出復州山

又西二十里，曰复州之山。其木多檀，其阳多黄金。

壹

再往西二十里就是复州山。山上有很多檀树，山的南面盛产黄金。

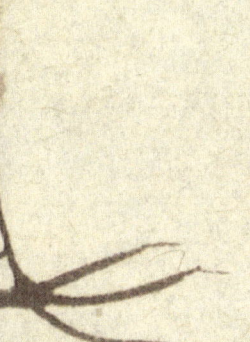

鸀鸟

鸀鳥青鳥
身黄赤足
六首出互人國

有青鸟，身黄，赤足，六首，名曰鸀（zhǔ）鸟。

有一种青鸟，它的身体是黄色的，爪子是红色的，有六个脑袋，名叫鸀鸟。

第伍卷

鳞介

其音如判木，
佩之不聋，
可以为底。

贰

它的叫声就像劈木头的声音，佩戴它可以使耳朵不聋，还可以治疗脚底的老茧。

旋龟

旋龜狀如龜而鳥首虺尾出怪水

怪水出焉，
而东流注于宪翼之水。
其中多玄龟，
其状如龟而鸟首虺（huī）尾，
其名曰旋龟。

壹 怪水发源于杻阳山，再向东流入宪翼水。怪水里有很多黑色的乌龟，它像一般的乌龟却长着鸟头和蛇尾，它的名字叫做旋龟。

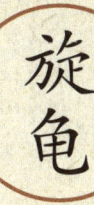

有鱼焉，其状如牛，陵居，蛇尾有翼，其羽在魼（qū）下，其音如留牛，其名曰鯥（lù），冬死而复生。食之无肿疾。

贰

山中有一种叫鯥的鱼，像牛，住在高高的山坡上，蛇一样的尾巴，肋下还有翅膀，发出的叫声像耕田的牛叫，它冬天蛰伏不动，如同死了一般，到了夏天，就出来活动，吃了它的肉，就不会得痈肿类疾病。

鯥鱼

鯥魚狀如牛，陵居，蛇尾，
有翼，其羽在魼下，出柢山

又东三百里柢山。多水，无草木。

壹

又往东三百里就是柢山，山中水很多，但是不生草木。

其中多赤鱬，其状如鱼而人面，其音如鸳鸯，食之不疥。

贰

水中生长有很多赤鱬，形状像鱼却有人的面孔，它的声音像鸳鸯，吃了它的肉可以不长疥疮。

赤鱬

赤鱬·人面·音如鴛鴦·食之可以療病

又东三百里，曰青丘之山，英水出焉，南流注于即翼之泽。

壹

再向东三百里，叫做青丘山，英水从这里发源，而后向南流入即翼泽。

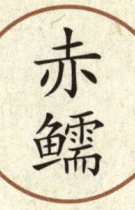

有蛇焉，名曰肥𧔥（wèi），六足四翼，见则天下大旱。

贰

山中有蛇，名字叫做肥𧔥，有六只脚四只翅膀，一出现就会天下大旱。

肥𧕫

肥𧕫 蛇形六足四翼其見則大旱 出太華山

又西六十里，曰太华之山。削成而四方，其高五千仞，其广十里，鸟兽莫居。

壹

再向西六十里就是太华山。山像刀般陡峭，四四方方的，高有五千仞，宽有十里，飞禽走兽都无法在这里生存。

禺水出焉，北流注于招水，其中多鲜（lǐ）鱼，其状如鳖，其音如羊。

贰

禺水从这里发源，向北流注入招水，水中有很多鲜鱼，形状像鳖，叫声如羊叫一般。

鲜鱼

鮮魚，其狀如鼈，其音如羊，出禺水

又西七十里，曰英山。其上多杻、橿，其阴多铁，其阳多赤金。

壹

再往西七十里，叫做英山。山上有很多杻树和橿树，山的北面多产铁，南面多产赤金。

是多文鳐鱼，状如鲤里，鱼身而鸟翼，苍文而白首赤喙，常行西海，游于东海，以夜飞。

贰

水中多产文鳐鱼，形状像鲤鱼，有着鱼的身子却长着鸟的翅膀，苍青色的花纹、白色的脑袋和红色的鸟喙，常常在西海游走又游向东海，在夜间飞行。

其音如鸾鸡，其味酸甘，食之已狂，见则天下大穰。

叁

它的声音像鸾鸡鸣叫，肉味酸中有甜，吃了它可以治疗癫狂病，一出现天下就会五谷丰登。

文鳐鱼

文鰩魚狀如鯉魚鳥翼蒼文
白首赤喙常從西海飛遊東海出觀水

又西百八十里，曰泰器之山。观水出焉，西流注于流沙。

壹

再往西一百八十里，叫做泰器山。观水从这发源，向西流注入流沙河。

又西二百六十里，曰邽（guī）山。其上有兽焉，其状如牛，蝟毛，名穷奇，音如獆（háo）狗，是食人。

壹

再往西二百六十里就是邽山，山上有一种兽叫穷奇，像牛，身上长满了刺猬一样的毛，声音如同狗叫，会吃人。

濛水出焉，南流注于洋水，其中多黄贝、蠃（luǒ）鱼，鱼身而鸟翼，音如鸳鸯，见则其邑大水。

贰

濛水从这里发源，再向南流入洋水，水中多产黄贝、蠃鱼，蠃鱼有着鱼的身子、鸟的翅膀，声音像鸳鸯，它出现的地方就会发生水灾。

嬴鱼

滥水出于其西，西流注于汉水，多鴽（rú）魮（pí）之鱼，其状如覆铫，鸟首而鱼翼鱼尾，音如磬石之声，是生珠玉。

滥水发源于鸟鼠同穴山的西面，再向西流入汉水，水中多产鴽魮鱼，形状像倒扣的铫锅，长着鸟的头，鱼的鳍和尾巴，叫声就像敲打石头或者击磬发出的声音，它的身体里还可以产出珍珠和玉石来。

絮魮鱼

絮魮魚狀如覆銚，鳥首而魚翼魚尾，音如磬石之聲，是生珠玉，出濫水

鯈鱼

鯈魚狀如雞赤毛三尾六足四首
食已憂出彭水

彭水出焉，
而西流注于芘湖之水，
其中多鯈（tiáo）鱼，
其状如鸡而赤毛，
三尾、六足、四首，
其音如鹊，
食之可以已忧。

彭水发源于带山，向西流入芘湖，水中多产鯈鱼，形状像鸡却长着一身红毛、三条尾巴、六只脚、四只眼睛，它的声音像喜鹊，吃了它可以忘掉忧愁。

其中多何罗之鱼，一首而十身，其音如吠犬，食之已痈。

贰

水中多产何罗鱼，它有一个头、十个身子，声音像狗叫，吃了它的肉可以消除痈肿。

何罗鱼

何羅魚壹首十身：

食之已癰 出譙水

又北四百里，曰谯明之山。谯水出焉，西流注于河。

壹 再往北四百里就是谯明山，谯水从这里发源，向西流入黄河。

其中多鳛鳛（xí）之鱼，
其状如鹊而十翼，
鳞皆在羽端，
其音如鹊。
可以御火，
食之不瘅。

贰

河水中多产鳛鳛鱼，像喜鹊但有十只翅膀，所有的鳞都长在羽毛的最尖端，它的叫声像喜鹊。蓄养它可以防御火灾，吃了它的肉还可以治疗黄疸病。

鳛鳛鱼

鳛鳛魚狀如鵲而十翼，鱗皆在羽端。禦火，治癉。出囂水

又北三百五十里，曰涿光之山。嚣水出焉，而西流注于河。

壹

再往北三百五十里，叫涿光山。嚣水从这里发源，向西流入黄河。

是山也，四方，不可以上。有蛇名曰长蛇，其毛如彘豪，其音如鼓柝。

贰

这座山四四方方的，无法攀登上去。山中有一种蛇名叫长蛇，它的毛像猪的毛，它的声音像敲梆子。

长蛇

長蛇長百尋、毛如彘豪、音如鼓柝、出大鹹山

北二百八十里，曰大咸之山。无草木，其下多玉。

壹

往北二百八十里，就是大咸山。山上不长草木，山下多产玉石。

其中多鱳鱼，其状如鲤而鸡足，食之已疣。

贰

水中多产鱳鱼，像鲤鱼却长着鸡爪，吃了它可以治疗疣疮病。

鱳鱼

鱳魚，狀如鯉而雞足，出瀤澤之水

又北二百里，曰狱法之山。瀤泽之水出焉，而东北流注于泰泽。

壹

再往北二百里就是狱法山。瀤泽水从这里发源，而后向东北流入泰泽。

鮨魚，魚身犬首，音如嬰兒，
食之已狂，出諸懷水

鮨鱼

诸怀之水出焉，
而西流注于嚣水。
水中多鮨（yì）鱼，
鱼身而犬首，
其音如婴儿，
食之已狂。

诸怀水发源于北岳山，再往西流入嚣水，水中多产鮨鱼，它的身子像鱼却有狗的脑袋，声音像婴儿啼哭，吃了它能够治疗癫狂病。

嚣水出焉，而西北流注于海。有蛇一首两身，名曰肥遗，见则其国大旱。

贰

嚣水从这里发源，再向西北流入大海。山中有一种蛇，一个头，两个身子，名字叫做肥遗，它出现的地方就会发生大旱灾。

肥遗

肥遺、壹首兩身、見則大旱、出渾夕山

又北百八十里，曰浑夕之山。无草木，多铜、玉。

壹

再往北一百八十里就是浑夕山。那里寸草不生，多产铜和玉石。

其中多人鱼，
其状如鯑鱼，四足，
其音如婴儿，
食之无痴疾。

贰

水中多产人鱼，它像鯑鱼，有四只脚，声音像婴儿啼哭，吃了它可以不患痴呆症。

人鱼

又东北二百里，曰龙侯之山。无草木，多金、玉。决决之水出焉，而东流注于河。

壹

再往东北二百里就是龙侯山。那里寸草不生，多产金属矿物和玉石。决决水发源于这里，再向东流入黄河。

人魚、狀如鯑魚、四足、音如嬰兒、食之療癡疾、出決決之水

又南三百里，曰独山，其上多金、玉，其下多美石

壹

再往南三百里就是独山，山上多产金属矿物和玉石，山下出产漂亮的石头。

末涂之水出焉，而东流注于沔，其中多偹（tiáo）蟰（yóng），其状如黄蛇，鱼翼，出入有光，见则其邑大旱。

贰

末涂水从这里发源，向东流入沔水，水中多产偹蟰，像黄蛇，长着鱼样的鳍，出入水中总是闪耀着光芒，它出现的地方就会发生大旱灾。

儵鳙

儵鳙狀如黃蛇，
魚翼，見則大旱。
出末塗之水

其状如肺而有目，六足，有珠，其味酸甘，食之无疠（lì）。

贰

它像一片肺叶却长着眼睛，六只脚，脚里还能吐出珠子，它的味道酸中带甜，吃了它可以防止瘟疫。

珠鳖鱼

又南三百八十里，曰葛山之首。无草木。澧水出焉，东流注于余泽，其中多珠鳖（biē）鱼。

壹

再往南三百八十里就是葛山头。那里寸草不生，澧水从这里发源，向东流入余泽，水中多产珠鳖鱼。

有水焉，广员四十里皆涌，其名曰深泽，其中多蠵（xī）龟。

贰

山中有一片水域，方圆有四十里，水波翻滚，它的名字叫深泽，那里多产蠵龟。

有鱼焉，其状如鲤，而六足鸟尾，名曰鮯鮯（gé）之鱼，其名自叫。

叁

水中有一种鱼，外形像鲤鱼，却有六只脚，鸟的尾巴，名字叫鮯鮯鱼，它的名字就是自己的叫声。

鮯鮯鱼

鮯鮯魚狀如鯉六足鳥尾出深澤

又南水行五百里，曰流沙，行五百里，有山焉，曰跂踵之山。广员二百里，无草木，有大蛇，其上多玉。

壹

再往南水行五百里就是流沙，再走五百里，有一座山，叫做跂踵山。方圆两百里寸草不生，山上有大蛇，多产玉石。

又东南三百里，曰女烝（zhēng）之山。其上无草木。石膏水出焉，而西流注于鬲水

壹

再往东南三百里就是女烝山，山上寸草不生，石膏水发源于这里，向西流入鬲水中。

其中多薄鱼，其状如鳣（zhān）鱼而一目，其音如欧，见则天下大旱。

贰

水中多产薄鱼，像鳣鱼却只有一只眼睛，它的声音像人在呕吐，它一出现天下就会发生旱灾。

薄鱼

薄魚狀如鱣一目見則大旱出石膏水

其中多鲭（huá）鱼，
其状如鱼而鸟翼，
出入有光。
其音如鸳鸯，
见则天下大旱。

贰

水中多产鲭鱼，它像鱼却有着鸟的翅膀，在水中出入时会闪闪发光，它的声音像鸳鸯一般，它一出现天下就会发生大旱灾。

鳛鱼

又东南二百里，曰子桐之山，子桐之水出焉，而西流注于余如之泽。

壹

再往东南二百里，就是子桐山，子桐水发源于这里，往西流入余如泽。

鰼魚，狀如魚而鳥翼，見則大旱，出子桐水

又西三百里，曰鲜山。多金、玉，无草木。鲜水出焉，而北流注于伊水。

壹

再往西三百里就是鲜山。盛产金属矿物和玉石，那里寸草不生。鲜水发源于这里，向北流入伊水中。

其中多鸣蛇，其状如蛇而四翼，其音如磬，见则其邑大旱。

贰

这里多产鸣蛇，它像蛇却生有四只翅膀，声音像击磬发出的声音，它出现的地方就会发生大旱灾。

鸣蛇

鳴蛇·如蛇而四翼·其音如磬·見則大旱·出鮮山

其中多化蛇，其状如人面而豺身，鸟翼而蛇行，其音如叱呼，见则其邑大水。

贰

水中多产化蛇，长着人的脸和豺狼的身子，有鸟的翅膀却像蛇一样爬行，它的声音像人在大声叱呼，它出现的地方就会发大水。

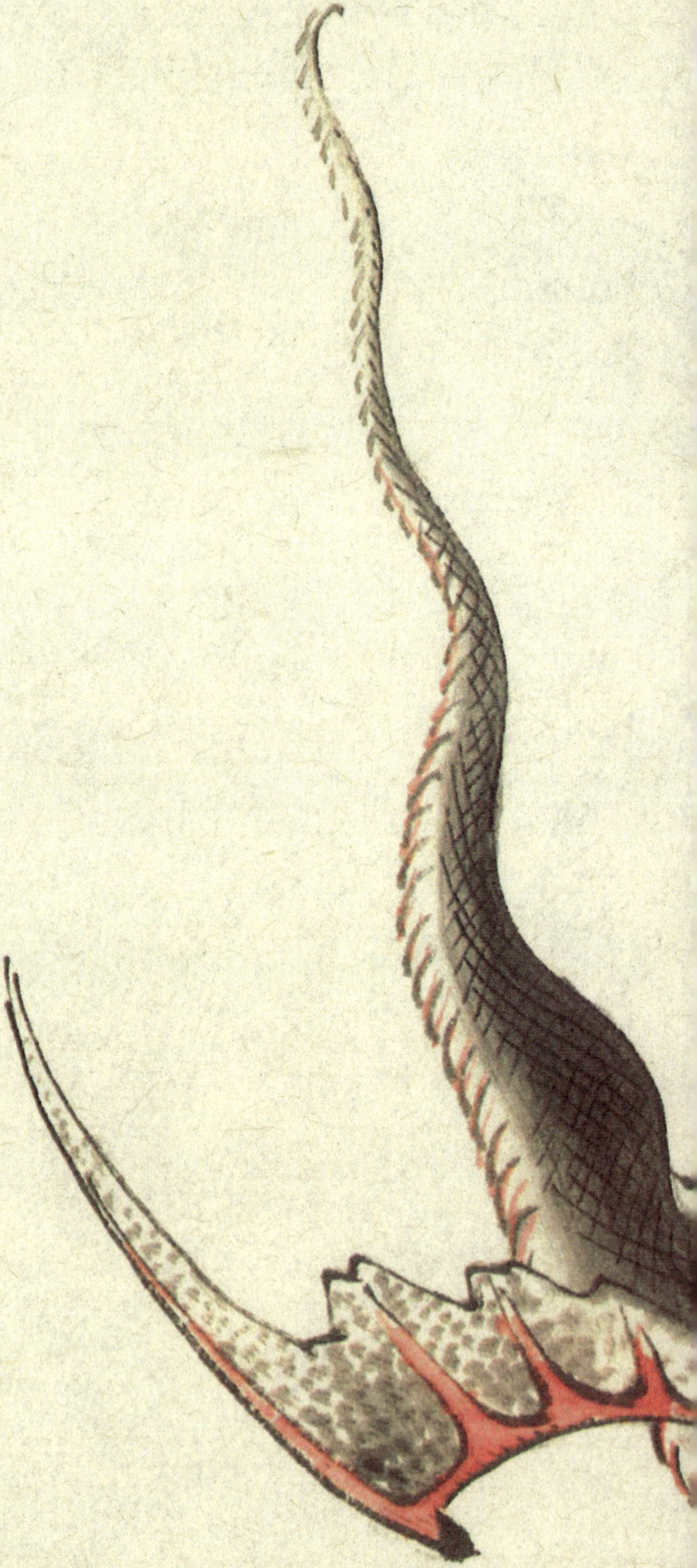

化蛇

化蛇人面豺身鳥翼蛇行見則大水 出陽水

又西三百里，曰阳山。多石，无草木。阳水出焉，而北流注于伊水。

壹

再往西三百里就是阳山。山中石头遍布，寸草不生。阳水从这里发源，往北流入伊水。

正回之水出焉，而北流注于河。其中多飞鱼，其状如豚而赤文，服之不畏雷，可以御兵。

贰

正回水从这里发源，向北流入黄河中。水中产有很多飞鱼，像猪却有红色的斑纹，吃了它的肉可以不怕雷，还可以防御兵祸。

飞鱼

飛魚狀如豚而赤文服之不畏雷可禦兵出正回水

又东十里，曰騩（guì）山。其上有美枣，其阴有㻬琈之玉。

壹

再往东十里就是騩山。山上长着鲜美的枣子，山的北面产有㻬琈玉。

其阳，狂水出焉，西南流注于伊水，其中多三足龟，食者无大疾，可以已肿。

叁

狂水发源于山的南面，从西南流入伊水，水中多产三足龟，吃了它可以不生大病，还可以消除痈肿。

有草焉，其状叶如榆，方茎而苍伤，其名曰牛伤，其根苍文，服者不厥，可以御兵。

贰

山上有一种草，像榆树的叶子，茎秆是方的，上面长满了青色的刺，它的名字叫牛伤，根上有苍青色的斑纹，吃了它可以不打嗝，还可以防御兵灾。

三足龟

又东五十七里，曰大苦之山。多㻬琈之玉，多麋玉。

壹

再往东五十七里就是大苦山。山上多产㻬琈玉、麋玉。

其为蛇青黄赤黑。一曰黑蛇青首，在犀牛西。

贰

这种蛇，身上有着青黄红黑交织的花纹，还有人说它是黑色的蛇，长着青色的蛇头，在犀牛的西边。

巴蛇

巴蛇長千尋食象三歲而出其骨出巴山

巴蛇食象，三岁而出其骨。君子服之，无心腹之疾

壹

巴蛇吞下大象后，三年才吐出骨头。君子吃了它的肉，就不会患心脏和肠胃方面的疾病。

陵鱼，人面，手足，鱼身，在海中。

陵鱼，和人一样，有脸，有手，有脚，但身子像鱼，生活在海里。

陵鱼

陵魚人面手足魚身在海中

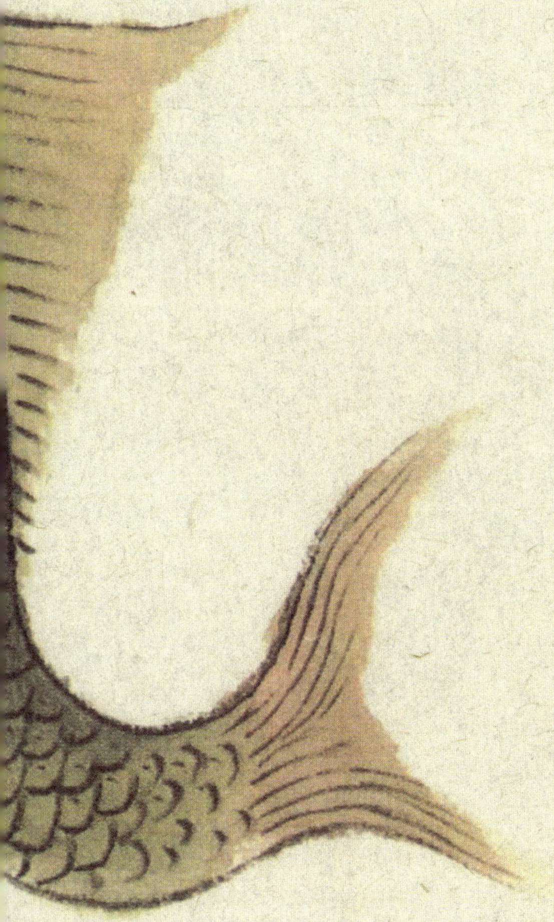

旱而为应龙之状，乃得大雨。

贰

每当大旱的时候，人们便做出应龙的形状来求雨，结果还真的求到了大雨。

应龙

應龍龍身有翼處南極

大荒东北隅中，
有山名曰凶犁土丘，
应龙处南极，
杀蚩尤与夸父，
不得复上，
故下数旱。

壹

在大荒的东北角，有座名叫凶犁土丘的山，应龙就居住在山的最南端，它曾经帮助黄帝杀死蚩尤和夸父，因为用尽了神力，所以无法回到天上去。天上没有应龙施雨，所以下界常常有旱灾。